图注 心眼指要

传统数术名家精粹

【一叶知秋、一针见血、胸罗千载、面转乾坤】

（清）章仲山◎著

杨金国◎点校

刘保同◎主编

无常派风水宗师章仲山的代表之作

眼为所见的形——峦头，为体，心为依形而定的法——理气，为用

风水

汇集中国历代大师、风水典籍的实用风水精华

五星聚讲图

金 火 土 木 水

此五星相聚，不论生尅，至贵格。

五星聚讲归垣图

旺财貔貅

罗盘

经天纬地的罗盘是堪舆风水的必备工具

御屏起祖，二龙并处，雌雄穴，或夫妻穴。右穴为雄为夫发贵，取其龙身起峰土能生金，玉带水环抱有情。左边穴虽然有几节行龙，但情势上为轻，固力量小些为雌，为妻。另外还需要参考案山相对之情。

内蒙古人民出版社

图书在版编目(CIP)数据

心眼指要/(清)章仲山著. -呼和浩特：内蒙古人民出版社，2010.5(2022.9重印)
(传统数术名家精粹/刘保同主编)
ISBN 978-7-204-10509-0

Ⅰ.①心… Ⅱ.①章… Ⅲ.①风水-中国-清代 Ⅳ.①B992.4

中国版本图书馆 CIP 数据核字(2010)第 090341 号

传统数术名家精粹

心眼指要

(清)章仲山 著

责任编辑	王继雄
封面设计	宋双成
出版发行	内蒙古人民出版社
地　　址	呼和浩特市中山东路8号波士名人国际B座5层
印　　刷	呼和浩特市圣堂彩印有限责任公司
开　　本	710×1000　1/16
印　　张	16
字　　数	220千字
版　　次	2010年12月第1版
印　　次	2022年9月第5次印刷
书　　号	ISBN 978-7-204-10509-0
定　　价	29.80元

如出现印装质量问题,请与我社联系。
联系电话:(0471)3946120　3946173

章氏自序

堪天道，舆地道。堪舆之道，天地之道也。

天有气，地有形；天依形，地附气。形为体，气为用。必须天地合其德，体用合其宜，方是峦头理气之正宗。无奈理气书虽多，但知有地而不知有天，故其用皆非。独有《青囊》、《天玉》、大元空五行之法，原本洛书九气，上应北斗，主宰天地，运斡坤舆，光垂千纪，旋转四时、流通八国，正是理气之宗祖，用法之真诠。乃至后世，妄拟大元空之诣，竟失真传。惟国初蒋大鸿先生独得无极真传，注《地理辨正》及《天元五歌》，辨是非，定真伪，不下数十万言，处处申明《天玉》、《青囊》之所以然，而于元空之理几乎泄矣。无何百余年来，读者又昧其解，但知其所当然，而不知其所以然，似是而非，为害莫甚。余故作《心眼指要》以引之，又集诸名家言以导之，俾世之有心斯道者，方无岐路之惑。

前　言

玄空地理效验如神，但要运用得法。自古以来，玄空学的传承一直在隐密中进行，绝少有真实、明畅、有系统者，致使有志学玄空地理的人们望门兴叹，或遭遇难以突破的瓶颈。但我们透过古代玄空风水学的典籍，仍能寻觅到其传承的蛛丝马迹。

章仲山为玄空一代宗师蒋大鸿的真传弟子，名甫，字仲山，自号无心道人，江苏无锡人，蒋大鸿之后的玄空地理巨擘，治玄空地理卓然有成之第一人，玄空无常派的开派宗师。因此派发源于无锡并、常州一带，故外间以其地域称其无常派。无常派亦以玄空变换无常为创派之旨，其断验与运用之神，令人惊叹。武进李述来称他"独悟真诠，熟推生克制化之用，吉凶消长之理，神明其道于大江南北已三十年"。著有《辨正直解》、《临穴指南》、《天元五歌阐义》、《心眼指要》、《阴阳二宅录验》。这些都是研习玄空风水的必修秘本。《沈氏玄空学》就是根据章公《阴阳二宅录验》而总结得来的。

从著作完成的先后来看，《心眼指要》一书，算是章仲山晚年最后公诸于世的著作，也是最臻于纯熟的代表作。书凡三卷：卷一为章氏自辑，卷二为孙竹田原著，卷三为沈禹平原着。后附仲山所注《天元五歌阐义》五卷、《玄空秘旨批注》及《保墓良规》一篇。

仲山自谓："眼以形言，体也。心以理言，用也。""眼"是指肉眼看得见的有形峦头（形势），"心"是指看不见的、必须以心法推算的无形理气（方位、星卦）。《心眼指要》即在点明峦头和理气的关键部分。峦头为体，理气为用。因形求气、因气察形。古之明师如杨筠松、吴景鸾、黄妙应、目讲师、蒋大鸿等，莫不精通峦头与理气。章仲山是自清中叶，江浙第一明师，当然是精于峦理二法的。其思想有其表现在《心眼指要》一书，这也是章仲山晚年最后公诸于世的著作，也是最臻于纯熟的代表作。

此书乃实践玄空而成的经验之谈，没尝过实践，没有认认真真的思索过，在实地操作玄空时所遭遇的点滴经验，就越不懂得此书的博大、可贵和精深之处。也可以说，此书乃指示地理师在实际操作时的高级指导。在根基未深时读之，不会有多大作用。有山水龙法中经验者，读之、思索之，才能起真的指导之功。

轻狂者读之，自会轻而忽之；学养深者，自会体味出章仲山辑集的前贤经验，有极深的妙理。越是经过思考和阅历越足，便越会知道此书的重要。

目 录

心眼指要卷一 ························ 1

  青囊海角经 ······················ 1
  星 峦 ···························· 3
  理 气 ···························· 4
  蒋大鸿盘铭 ······················ 7
  蒋公盘铭 ························ 9
  无极真传 ······················· 13
  八极神枢 ······················· 18

心眼指要卷二 ······················· 21

  《说卦传》 ······················ 21
  传心八易 ······················· 25
  八阵图解 ······················· 27
  俯察之理本乎《洛书》 ··········· 28
  理气三字经 ····················· 29
  堪舆为天地之总名 ··············· 30
  阴阳刚柔 ······················· 32
  葬乘生气 ······················· 34

脉认来龙	36
认生死	38
审理气	39
分阴阳	41
辨顺逆	43
推三吉	44
辨别落脉	44
赶裹棱弦向背之情	47
青、玄、朱、白证佐之情	49
察生动	51
看行止	52
因形求气、因气求神	54
体用各得	55
地有吉气，土随而起	56
势来之止	59
浅深得宜	61
土高水深	64
细察气色	65
土贵有枝	66
辨神气色泽	69
考真假	70
辩得失	73
审向背	74
察穴情	78
童断石过独	82
青鸟仙十不相	85
泓师三十六绝穴	88
收　放	90

分 合	91
来情对脉	95
山龙一线，平洋一片	97
一望可知	97
体用并重	100
水有公私	101
因形测气	103
水辨真假	106
因气验水	106
因水验气	107
随地取裁	108
移步换形	109
种植方知	109
看地至要	110
得气所生	111
四大承气	111
四时看法	113
天池考验	114
土在是，穴即在是	116
忌动朽棺	117
关系非轻	119
初葬合葬异同	119

心眼指要卷三 ……………………………… 121

论堪舆之道	121
窝	122
钳	130

乳 ……………………………………………………… 136

突 ……………………………………………………… 142

盖 ……………………………………………………… 148

粘 ……………………………………………………… 149

倚 ……………………………………………………… 150

撞 ……………………………………………………… 152

心眼指要卷四 …………………………………… 180

天成象地成形 ………………………………………… 180

水口须辨得失 ………………………………………… 181

水缠玄武要关照有情 ………………………………… 182

寻龙点穴须合玄机 …………………………………… 183

作用贵得师传 ………………………………………… 183

水法真机须在遍证名地 ……………………………… 184

收水须当得水 ………………………………………… 186

干龙正结 ……………………………………………… 188

论龙出脉三格 ………………………………………… 188

论龙受穴三等 ………………………………………… 191

龙贵侧结 ……………………………………………… 192

回龙逆结 ……………………………………………… 193

枝龙杂结 ……………………………………………… 195

枝中干结 ……………………………………………… 196

干中枝结 ……………………………………………… 196

纤曲特结 ……………………………………………… 197

钩搭杂结 ……………………………………………… 197

穴法心法 ……………………………………………… 199

展窝穴说 ……………………………………………… 212

藏口窝穴说 …………………………………… 212

抛突穴说（平阳一突） ……………………… 212

开钳乳突穴 …………………………………… 213

飞边穴说 ……………………………………… 214

骑龙穴说 ……………………………………… 214

骑龙斩关歌 …………………………………… 217

斩关穴说 ……………………………………… 220

合襟穴法 ……………………………………… 220

吐唇穴说 ……………………………………… 221

天池穴法 ……………………………………… 221

近水穴法 ……………………………………… 222

砂水变幻总说 ………………………………… 222

漾水聚堂 ……………………………………… 224

水城要下手得情得势 ………………………… 225

砂水须逆缠 …………………………………… 226

砂水要兜收 …………………………………… 226

入口须求屈曲来朝 …………………………… 227

涨潮食水 ……………………………………… 227

倚水立穴 ……………………………………… 228

穴贵专结 ……………………………………… 228

漾荡偷结须求真 ……………………………… 229

诸般贵在气真穴的 …………………………… 229

会局成垣须察气势 …………………………… 229

田源墩阜必要来情 …………………………… 230

池塘砂硬须求龙真穴确 ……………………… 230

石骨证佐必须灵巧 …………………………… 231

疑难点穴必须心领神会 ……………………… 231

点穴定向须得元微 …………………………… 232

山向得失……………………………………………… 232
砂水宜辨情性……………………………………… 233
须防暗煞…………………………………………… 233
明凶尤忌…………………………………………… 234
慎思妄改…………………………………………… 234
修坟当究元机……………………………………… 237
接坟宜善…………………………………………… 238
裁成补救…………………………………………… 238
切戒迁徙…………………………………………… 239
保墓良规…………………………………………… 241
后　记……………………………………………… 242

心眼指要卷一

青囊海角经

《青囊海角经》传为秦朝黄石公所作,篇幅虽然很短,但已写尽玄空峦头、理气之要密旨。知道玄空真诀者,一读即知其解,只是世人却以其难解,兼且篇幅又短,而往往忽略之。今章仲山表出此篇却亦未解一字,是集而不释之意,犹存守秘之心也。

【原文】

天德纯,数道尊,理顺逆,万机神,六甲运,五赋行,法五子,遁八门,布雷使,察金精,御五气,摄九灵,锄叛逆,超神英。

【白话注解】

天以分布时序为其德,故日月运行昼夜不断运行,即分四时春夏秋冬;天上的各种星宿干旋,遂有节气。天道运行,有数可据,所以说数乃遵然,我们才有黄历。而天之气却有顺逆,能知其顺逆流布，即能理清楚万机。机者，地之生旺气，亦即生机，天底下事情的一物一太极。堪舆之术，无非欲令宅穴得生机而已。明乎此，即知俗师妄作之假。故玄空家于阳宅内重门路布置，门路得适宜，然后以五行发挥其适宜，消灭其不适宜。若不知顺逆即不知门路布置，还怎么来说玄空五行。

六甲运，指岁月之推移而产生的六十甲子。五赋行，即是说五行之当令失令。赋，即秉赋，后天之用，或秉赋金气，或秉赋木气，皆随时而改变。故此二句，即为五行生旺，随时间而变化，此即建立三元九运之宗旨。即知元运以六甲而更替。是故必二十年一改元运，否则即不能说为六甲运。有的人以阳爻行九年，阴爻行六年的二元八运之说，可见为假。

"遁八门"，即是安星。与奇门遁甲无关。"布雷使，察金精，衡五气，摄九灵。"《易经》以震为雷，震卦的卦象为一阳始复，故讲到雷即比喻生旺之气，言布雷使，即谓安排布置，令生旺之气流通。金精，即金龙结穴。乾为天，属金，由是天生来龙即以金龙为比喻。因先天的来龙来排龙定穴，此为玄空风水的基础。

五气指五行金、木、水、火、土之气。九灵指九星。阳宅必须纳气，阴宅则须乘气，无论纳气乘气，皆为五行之气，故曰衡五气。俗师以为宅穴仅乘纳生旺之气，殊不知五行之气无论衰旺生死，皆存于天地之间，地师之作用，仅在于布置而令生旺之气流通，衰死之气潜藏而已，不是能择气而乘纳，择气而排局。九星亦是如此，盘中九星并见，或凶或吉，地师仅能加以运用，无可选择，故曰摄九灵，摄即能运用之意，即能运用，则九星之凶者亦化为吉，这样后能称之为九灵。锄叛逆，超神英。就是要知道须如何运用，始能令生旺之气流播，吉利之星曜得用！这就说到锄叛逆，超神英，锄即制伏之意，超即是发动之以为用。斯即为玄空之法则。本章仅十四句，已说出时空为关键，以及先后天在风水中的的法则，大道至简，须心领神会。

星 峦

【原文】

方尖圆，动直行，峙逶迤，流平停，四望归，
八方层，审向背，察内神，避幽暗，迎阳明。

【白话注解】

本章讲的是峦头，即是玄空风水的形学篇，峦头之形，可分五行金、木、水、火、土，然而峦头也须论说，故察峦头也须要形气并重，本章标题为星峦。

方、尖、圆，动、直、行。此论都是峦头山形山的称法，非专指山。现代城市中的楼厦在玄空风水中也称之为山，方尖园之形。方尖园为形。若只视其静态，则土形方，金形尖，水形园，必须兼视其动态，然后始得五行之全，其动态即是，动直行。火形亦尖，但火尖而动，金尖而静，由是说火尖金削。方为土，然而土主静。方也为木，然而木却主动，故方形有直行之势，即为木形。一般以长方形为木，即以其为方形直行而已。由是即为木形。

"峙逶迤，流平停"。此分言山动态。山有峙立的，有逶迤而走者的。水则有急流如奔马者，有平平而流水如镜面者，有停泊不流而成湖治者。此山水动态必须要分辨，起动之形能与星峦配合则吉，否则为凶。如湖沼为蓄水之地，即所谓停，若生旺星辰换排于此是即有可讷之气。倘衰死星辰停储，而冉冉流至门前，即是积储凶煞。

"四望归，八方层，审向背，察内神"。说到风水的虚实、往还互察互用之妙理在其中。此言以阴阳宅穴为中心而聚气，则为

四望归中，八方层拱之形势，这样才为吉。反之，若外势离心，或背主无情，内神不真，是为散而非聚气，如此即不必论换星排龙，宅穴都不可用。向背有情无情很重要，不可忽视。

避幽暗，即避开衰死休囚之气。迎阳明，即纳生旺之气。此说依山水排龙而得地，于定向时须凭安星而知吉凶的趋避。本章重于说形，故由山龙水龙说至宅穴形势。在定向时必须与形配合好，这就合乎玄空峦头为体，理气为用的道理。

理 气

【原文】

  管三卦，一卦通，关天地，定雌雄，双双起，
在玄空；审卦气，配九龙，推三吉，合八风，
互用窒，分用通，颠颠倒，无呆宫。
天书首文，天德至辖，天五地六，顺流逆行，
八门遁甲，驱使风雷，莫不以五气摄乎九灵。

【白话注解】

  本章专说明理气，依星排龙，依理定向，玄空风水的心法在此可现。

  本章要旨，唯在"互用窒"四句。其余法则已见于《都天宝照经》、《天玉经》。"互用窒"，窒则存气之谓。打个比方，如旧式建筑，大门后为一天井，天井后为"照壁"，如是结构即令行人非直同样入厅堂，斯即为"窒"。分用通，通则流布之谓。典型结为"四合院"中央为一大天井，由此天井而通达四处，即为"分"。如何存纳，流布生旺之气此即玄空风水之室内设计原则。若设计

适宜，则九宫无一宫不可用倘依九宫安星，硬说此宫吉，彼宫凶者，则是"呆宫"矣俗师惯用"固定宫"，时入耳濡目染，便亦问"财位"，"文昌位"，殊不知能"互用窒分用通"，则一宅之内无不为财位，无处不为文昌位，所以说吉凶仅系于气之聚散，而不于固定宫之飞星。故本章四句，真可谓为玄空风水活气的最高方法。章仲山为清代著名地理学家，很多学习蒋公之术者对此人十分熟悉和关，此书乃地理书之祖，即《青囊经》、《天玉经》诸经皆出于此，世称黄石公《三字青囊》者，此也。可谓是理气真诠，读者细细玩索而有得焉。

现把市面上的另一个《青囊海角经》原文摘录如下，两相比较，看看其中的异同：

《青囊海角经》一

天德神，数乃尊，理顺逆，万机纯，六甲运，
五行赋，法五子，遁八门，布雷使，察金精，
御五气，摄九灵，锄叛逆，超神英。

《青囊海角经》二

佑生民，奠宅灵，审卦气，配九星，推三吉，合八门，地母变，上化生，长男震，下逆行，自然气，吉凶定，时感应，如其神。

《青囊海角经》三

方尖圆，动直行，峙逶迤，流平停，四望归，
八方层，形变异，秘内神，背幽关，迎阳明。

《青囊海角经》四

祖昆仑，发元根，分枝派，定龙神，乘运气，存亡分，
焕五气，应五行，推四序，明德刑，克相治，续相生，
未言甲，先言庚，五化显，万机灵，布大地，及黎民，
得生气，受福臻，得死气，祸替零，知休咎，象攸遵，
执权衡，通神明。

心眼指要

　　章仲山的改后的三字经，正经部分就是《青囊海角经》的第一部分，没有丝毫变化；峦头部分就是《青囊海角经》的第三部分，虽稍做修改，但意义变化不大；由《青囊海角经》的第二部分到改后的理气部分就面目全非了，其实第二部分以章仲山的学问一点也不难理解，唯"地母变，上化生，长男震，下逆行"与章仲山所习似有不符，所以觉其"左误"而改之。但个人以为，于玄空而言，"地母变，上化生，长男震，下逆行"从易理上来说没有一点牵强附会的意思，做为学者，更应该尊重原著，这能避免后之学者以讹传讹。下面是我对原文的理解：

　　天下百姓都受阴阳二宅的灵气庇佑，所谓地灵以致人杰也；阴阳二宅的选择，当以八卦之衰旺审位之得失；配合九星之休咎以推贪巨武三吉位之所在；以八门之开阖来审运之去来；以父母交媾来审阴阳化生；以龙身之阳顺阴逆来审运之行气与气之转运；以先天一阳之气所行之处的衰旺

地母变　上化生
长男震　下逆行

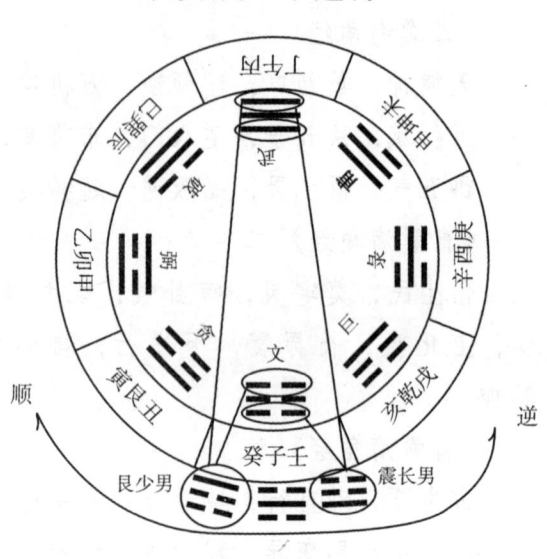

支水交界格

生死，来定吉凶休咎；以太岁加临来推应验之时。诚如此，则如临其境，效验如神！

蒋大鸿盘铭

【原文】

天地定位，阴阳迭更，仰观俯察，河洛呈文，
先后八卦，体用咸明，抽爻换象，阖辟相寻，
五德为纬，四七为经，宫移度改，分秒殊情。
嗟彼庸术，罔识权衡，删邪表正，协古宜今，
分元定卦，测日推星，天根月窟，来往皆春。

【白话注解】

此乃蒋公点穴定向，体用之元微，至精之论也。

无极先师的真传，凡物必有体用，由体而立；凡物必有用体，由用而神；故有先天即有后天，先天为体后天为用，此亦造化之至理也。地为体天为用，此乃万物生生化化之机也，后天之数原本出自洛书，上应北斗星主宰天地，周流六虚而无所不至，此阴彼阳无时不在易，即二十四龙阴阳颠倒变化错综都由于此，顺逆阴阳亦由此，故曰理气之正宗，传心之至理也，阐明天地之元机，一阴阳尽之辟阴阳之堂奥。

云间蒋大鸿氏盘铭"盘铭"即是刻于罗盘上的文字，由此可见用此罗盘者之宗旨。"天地定位，阴阳迭更，仰观俯察，河洛呈文。先后八卦，体用咸明"。此即明玄空之理，与先后天之体用。河图为先天，洛书为后天。先天论龙水，后天论坐向。龙水为形，依形察气；后天为之吐纳乘气，故亦为气之用。

"抽爻换象，阖辟相寻，五德为伟，四七为经，宫移度改，分秒殊情。"抽爻换象，即是卦之变换。一卦管三山，而一卦有三

爻，爻变而卦亦随，是谓抽爻换象也。阖即合，辟即是开。开合阴阳而寻生旺之气，此即地师之责。五德指五行，五行以仁义礼智信别别为德；四七即二十八宿。此以列宿象天时。"宫移度改，分秒殊情"，隐含兼线用替星之意，用替为玄空家极大秘密，而用替亦名为"抽爻换象"。蒋多很生气古人的不懂风水的风水师。点明俗师不辨真伪，于是罗盘便多花样。蒋氏但将罗盘分为四层，其余无用者悉皆删除是为删邪表正。持此罗盘分元定卦，测日推星，于是阴阳往来无不生机勃勃。

还有的把此段称为，蒋大鸿所著的葬乘生气选择秘旨。

天地定位，阴阳迭更，仰观俯察，河洛呈文，先后八卦，体用咸明，抽爻换象，阖辟相寻，五德为纬，四七为经，宫移度改，分秒殊情，嗟彼庸术，罔识推衡，删邪表正，协古宜今，分元定卦，测日推星，天根月窟，来往皆春。

此即天分星宿，地列山川，因形察气之义旨也。夫既山川而合河洛之定位矣，即来时亦要天星七政合其生气，若葬不合其生气，即地吉葬凶，与叶尸者同，故天元五歌亦将日月日元化万象包罗在掌心，则掌心二字，明明即是黄石公天心正运之义。总由乎指掌之间也，再以天星选吉配之，无不吉矣。则日月同元化之法，正乃杨公所取太阳到山到向，或在山向山命八神位，上方为有力。若不在我砷位上，为失势失躔，虽曰吉曜，与我何关。或在我所取之山，或在我所取之水位上，亦是得势有力。若用五星，冬取大罗，夏取水孛。春分之前亦用火罗，春分之后兼用水孛。将近立夏，纯用水孛。则秋分之前亦用水孛，秋分之后兼用火罗。将近立冬纯用火罗。盖春秋两分，为平气之时，则春金湏用土计。秋木湏用水孛。

凡是得用之星，亦要在我所取位上。如天元八冲，子午卯酉乾坤艮巽，地元八神，辰戌丑未甲丙庚壬，人元八神，寅申巳亥乙辛丁癸，亦在我所钓所照三合六合之中是也。若是此七政时令取用，五星与元五行相合，即一葬便兴隆矣。假如一白水运时，立坎山离向，太阳大暑到向，而夏用水孛，则悖或亦在我向，或在我八神位上。如九紫火运，即取太阳大寒到山，冬用火罗，则火罗得位，便是日月同无化矣，必当速发，余仿此意。惟艮坤二宫，只有太阳到山，时令五星方胱化。故其力最薄。以待中五寄命而已。所以九宫八卦取用，惟重南北东西易于往来流通，而虽不日西北东南，则西北东西亦在其中矣。盖南北为天地始终之气，东西为天地出入气。则东北西南为天地寄生浮浅之气，又为中五厚浊之气，虽应元而发，不得到悠久，总无甚大文秀。

蒋公盘铭

【原文】

俯察之理，本乎洛书，父母六子，范十二支。
三爻成象，位参于维，三八品配，道尽无遗。
后愚妄作，淆乱因已，甚矣表正，易简照垂。

【白话注解】

此言罗盘分二十四山已足够用了，更有添作很多层的，无非淆乱而已。上为蒋氏盘。中第一层，以洛出九星，兼示八卦。第二层为二十四山。第三层为分金。最外第四层为周天二十八宿。如是盘式，可谓简至无可再简。

在此我们可以通过无极子授蒋大鸿的天心正运图，来窥视一下玄空风水的精髓。

先天八卦查气，用于穴中，后天八卦看形，用于外象。河图辨阴阳之交媾，洛书察甲运之兴衰。先天之象，乃阴阳对待之体。对待之中，化机所出，造物之意原起于此。

无极子授蒋大鸿天心正运图

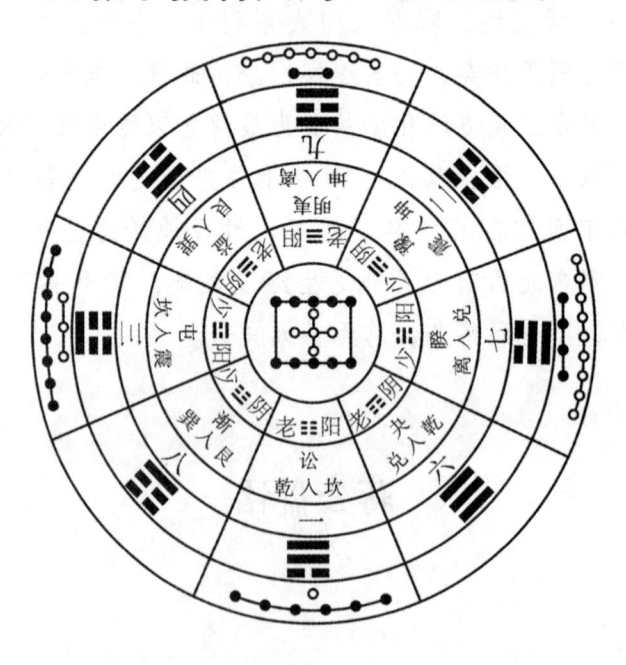

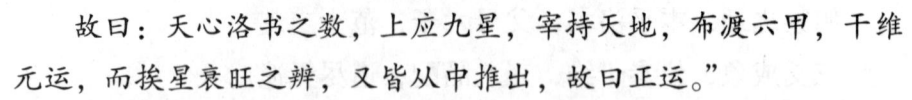

故曰：天心洛书之数，上应九星，宰持天地，布渡六甲，干维元运，而挨星衰旺之辨，又皆从中推出，故曰正运。"

无极子授蒋大鸿天心正运图共分六层：

1、内层河图五十之阴阳。

2、次层先天八卦及天地水火四象代表。

3、三层先天入岩天卦位。

4、四层洛书九宫数，此八宫天心正运也。

5、五层右天八卦。

6、外层河图四极五行阴阳数。

无极子授蒋大鸿天心正运图，可以代表玄空风水的精髓，也是最秘密的不肯泄露之秘。即用后天之位，理先天卦爻。表现为以下方面：

1、乾入坎小卦为天水讼，实为先天乾之三爻入后天坎位，后天坎位乃先天坤，示为先天八卦乾坤之数爻换象。（北）

2、坤入离小卦为地火明，实为先天坤之三爻入后天离位，后天离位乃先天之乾，示为先天八卦坎离之抽爻换象。（南）

3、坎入震小卦为水雷屯，实为先天坎之三爻入后太内后震位，后天震位乃先天之离，亦示为先天八卦坎离之抽爻换象。（东）

4、离入兑小卦为火泽睽，实为先天离之三爻入后天兑位，后天兑位乃先天之坎，示为先天八卦坎离之抽爻换象。（西）

5、巽入艮小卦为风山渐，实为先天巽之三爻入后天艮位，后天艮位乃先天之震，示为先天八卦震巽之抽爻换象。（东北）

6、震入坤小卦为雷地豫，实为先天震之三爻入后天坤位，后天坤位为先天巽卦，示为先天八卦兑艮之抽爻换象。（西南）

7、兑入乾小卦为泽天尖，实为先天兑之三爻入后天乾位，后天乾位乃先天之艮卦，示为先天八卦兑艮之抽爻换象。（西北）

8、艮入巽小卦为山风蛊，实为先天艮之三爻入后天巽位，后天巽位乃先天兑卦，亦示为先天八卦艮兑之抽爻换象。（东南）

抽爻换象出神奇，演绎为地盘玄空大卦，不得真诀，此图真如雾里观花，了解玄空大卦之抽爻换象，此图一点即破。

在此我制作了一份乾入坎的图，这个是由不同角度来诠释无极子授蒋大鸿之天心正运图。同参二图，若能通晓其隐含之蕴，确实对青囊诸经的研读及解译，有莫大帮助。

在此录入清朝邓恭（号梦觉山人）所著，《地理黄金屋》中有关"乾入坎"之诀。

理至于乾亥，乾顶品配子午坐向，为翻天倒地、颠倒，仙家妙用理气！其口诀也："用后天方位、理先天卦爻！"

譬如先天八卦，乾南坤北，本为否卦不交，一翻倒而坤南乾北，则交而为泰矣！离东坎西，本为未济不交，一翻倒而为坎东离西，则交而为既济！

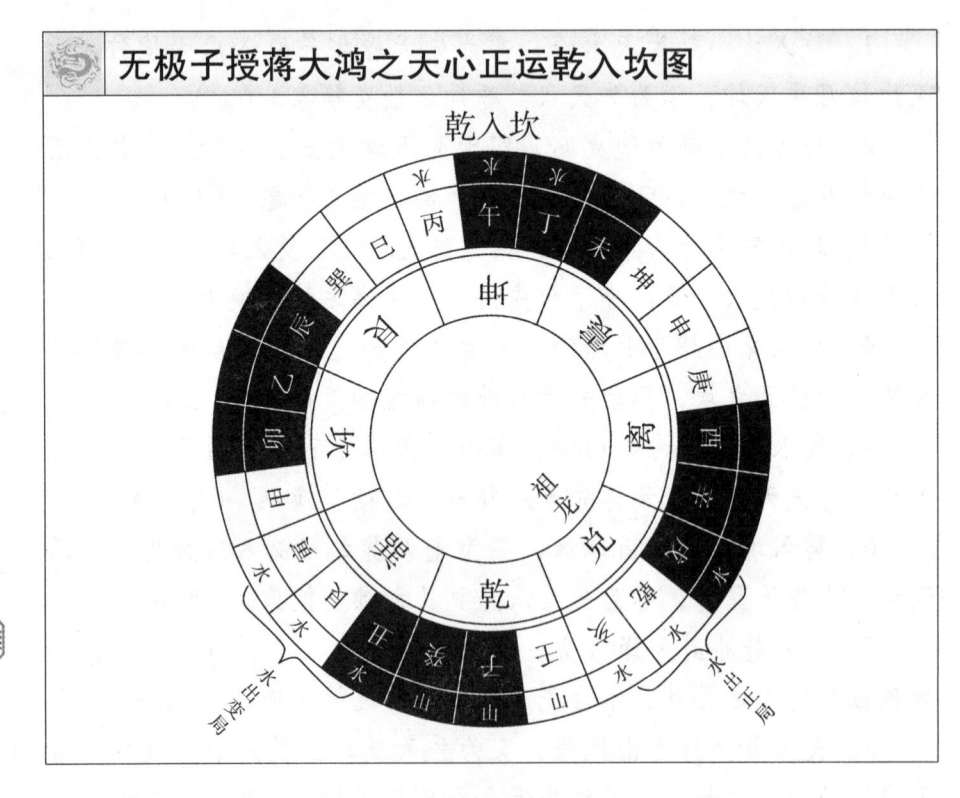

心眼指要

无极子授蒋大鸿之天心正运乾入坎图

山泽通气，山阳而泽阴矣！山泽损卦，阳上阴下，本为不交，一翻倒而为泽山咸，为阴上阳下，则又交矣！

所以后天方位之龙神，必须配合先天对待之卦爻；先天卦爻对待之龙神，必须配合后天正隅之方位，乃是真阴阳、真坐真向、夫妇交媾！

诀曰："遇正配而一交，已有梦兰之兆；得乾神之双至，多生折桂之儿"！山龙水龙、阴阳二宅，莫不然耳！

即如广府新会县校宫，坐癸向丁兼加子午，以人元为主持，而兼天元三分；其巽巳之方，有一高塔插云汉，本为九星文曲秀星之方，而以坎坐配之。以后天之坎，实为先天之坤，喜其于校宫右肩亥乾方位，竖造尊经合，是将先天之乾翻倒以坐家，诀曰：乾入坎！先天之坤翻倒，以配向首，诀曰：坤入离宫，是为幸得。

此阁详其理气，以河洛论之：一六共宗，太阴交于太阳；文塔四六合十，少阳交于少阴，正合催官颠倒正交。又喜左东乙卯方位，贴近校宫不远，竖起一小文阁，配合坎坐，以作荐元，而设立大钟，每夜撞击一百零八声，以应三个天、地、人，三十六宫都是春！用乙卯方位者，非取后天也，原先天之离，即是后天之卯，是将先天之离翻倒，以配坐家，诀曰：卯入坎宫。即是先天之离入于后天之坎，所谓用后天之方位、理先天之卦爻。先天之坎翻倒，以配向首，诀曰：坎入震宫。火水未济，一翻倒之，则为水火既济，正合荐元，翻倒，正配天地交通，得此催官荐元，品合校宫坐家向首，焉有不人文蔚起、美俊迭生也哉？

无极真传

（本篇原署名为"宗阳氏"撰，人们常疑为蒋大鸿所做，然细审文字及风格，不象蒋氏手笔，或为蒋氏弟子所撰。本篇在章仲山《心眼指要》一书内列入此篇，可见其与蒋大鸿玄空一脉之关系，实属非浅，其中一些没有点明的意蕴，只可意会，不可言传）

凡物必有体，用由体立，凡物必有用，体由用神。故有先天即有后天，先天为体，后天为用。此亦造化之至理也。此说先后天体用。地为体，天为用，此乃万物生生化化之机也。夫后天之数，原本洛书，上应此斗，主宰天地，周流六虚，无所不至；此阴彼阳，无时不易，即二十四龙阴阳颠倒，变化错综，都由于此，顺逆阴阳亦由乎此。故曰理气之正宗，传心之至理也。

此说后天体用。后天以地为体，以天为用。此即章仲山天依形、地附气之理。故二十四山为体，其颠倒阴阳变化即为其用。

阐天地之元机，一阴阳尽之；辟阴阳之闲兴。一往来尽之。无往来则无阴阳，无阴阳则无来何地，落何宫之更变，知此则在在之阴阳，自有在在之至理，即九星双起，自有双起之元机矣。

此说阴阳因往来而成雌雄，由是始能应时而变化。即排龙亦依时而有衰旺，故知天地之机，无非阴阳往来而已。

乾为父，坤为母，奇偶必本所生中爻一位，则左右不患出疆。卦之两爻，则东西正多岐路。故必以父母为最旺之龙，亦必以父母为最清之气。出而不出，三爻辨骨相之真；岐中有岐，八国审交流之义。天元龙左兼右兼皆不出卦，地元人元龙则仅能兼一方，故以天元为最清、最旺。文中所谓"出疆"、"岐路"，即出卦及兼绕之意。俗术将二十四山分作十二位，分阴阳辩顺逆者，固以甚矣，焉能知此乎。所言俗术，即误排龙为挨星之术。近人矣师青即盛容此术，曾影响一时。夫数经九易，气转三元，颠倒三八，旋乾转坤，玄空定卦，分星、起星下卦之法，都由北斗运行而使然也。

其法，分一、二、三、四、五、六、七、八、九为三元，至其阴阳顺逆颠倒，又随时而在者也。此说分元运以挨星。

夫定卦分元，辩星审运，此非臆造，乃出自然。盖天元九卦，通管枢机；干支八卦。统归皇极，则九星流转，三八颠倒。阴不是阴，阳不是阳，倒地翻天，故曰：对不同，在玄空。此说依元运立极挨星之法。然此法造物之所是，先师之所秘。苟能晓得九星流转之机，则一卦通管三卦，双起之元关，自能略见一斑。

挨星之法，今日正家传户晓，而当时所秘却如此之甚。卦气最嫌于杂，故此收山纳水，务取清纯；龙气又病于单，故源脉当求汇合。若使八神齐到，气水兼收，再能兼贪、兼辅。则上下三元，三星五吉，直达补救之法，亦在其中矣。此说"收山纳水"，即定向挨星；说"龙气病于单"，即说排龙。兼贪兼辅，三星五吉等，已详说于《都天宝照经》。

法者，绳墨也，其用则工之巧也。如乘时立穴之法，苟非兼顾星源，则龙运未交先遭衰替；盛时既代，便即凌夷，又安得一元而兼得两元，龙力悠远不替耶。苟能裁制得宜，天元取辅，人地兼贪，即出而不出之要诀，亦可得而知矣。

此论排龙之重要。排龙，即文中所谓星源。今俗师但知七运以七赤为财，且呆固定定一财位，于安星，固不知生旺之气非流播则不得用，流播为动态，岂有财位可定？彼且不知排龙为星源，若星源不吉，双七之类又有何用哉。若得星，排龙能兼贪兼辅，则，自然发福悠远。此观古代帝皇宫殿，王候帝宅即可知也矣，彼等何当年年换摆设，运运改装修也。无非以排龙得宜，来水合适，则自然三元不败，世泽悠长。

更观乎今之富户，人丁未见安宁，且复时闻破败，福泽之短暂，令人咋舌，彼等多信风水，试问俗师何以解嘲。

余羊城旧宅，发福五代，其后开辟马路，来龙与来水皆变形势，然后始告零落，但尚能支撑二十年始更替，前辈地师之术，岂今俗师所能比拟者耶。

二十四山阴阳不一，颠倒无定。苟能晓得颠倒无定之阴天元之后，即接人元，斯即六甲三分，九星颠倒，八国转移。要求诸卦之宗，细认统龙之气，倒地翻天，半由乎此，何位何宫，亦由乎此。此说元运更换，安星立极即随之转换，来龙之星曜吉凶亦随而有得力不得力之别，故曰"要求诸卦之宗，细认统龙之气"。

贪狼即一白，五行属水，先天为乾，后天为坎，数为万数之始，卦为诸卦之首，运值上元，气通八卦，星气平和，施力悠远，故此杨公有"脉取"、"更取"之语。然而兼贪已属出卦，知此方知出而不出之妙用矣。原注：《道德经》云，天得一以清，地得一以宁，神得一以灵，谷得一以盈，候王得一以正。由此观之，一之为用大矣哉。此盛赞贪狼龙。《都天宝照经》云："辰戌丑未地元龙，乾坤艮巽夫妇宗，甲庚壬丙为正向，脉取贪狼获正龙。"又云："寅申巳亥人元来，乙辛丁癸水来催，更取贪狼成五吉，寅坤申艮御门开。"

此即所谓"兼贪"。贪狼龙发福虽迟，但却悠久，故可贵也。

夫五星者，即水火金木之五行也，质行于地而气行于天，故天有五星，地有五行；天有九星，地有九宫。夫九星者，即北斗中贪巨是也，九宫者，即坎坤震巽乾兑离艮与中央也。在地之九宫，有此辟彼阖，此一彼二，阴阳奇偶之殊。此一彼二者，显天心之所在也。此一，谓运星入中一盘。由运盘得山水二星，此之入中，挨成山一盘、水一盘，即是彼二。在天之九星，有躔子躔斗，旋转四时，随时颠倒之机，躔子躔斗者正司元气之流行也。

读者可由此推三六九之父母三般卦。每一星盘，皆有两个三般卦可寻得。一逆行四位、一顺行四位。若潜心细玩九宫飞星中这三般卦，则当悟阴阳顺逆之机，风水吉凶纲领，即在于此。即知元气如何流通，或顺取、或逆取，是谓化机在乎。

一、交会

龙真穴好，群山四聚，发祖之山，过度之山，莫不统会，或作照应，或作关阑，或作朝案，骨肉一气，情意亲切。

此说山与水交会。以山为主。二山之间必有水，说"群山四聚"，即是众水汇流。说群山"莫不统会"，即是在卦之内，所谓"骨肉一气"是也。

二、交喜

二水相会，切入湖里交鹅，山有情，水有意，气上水交，形上气蕾之谓也。

此说山水相交，以水为主。所谓"湖里交鹅"，即是虽交参相遇，而走势相同，此如群鹅交遇，而实依旧成群，并不零散。

三、交泰

四面情形，却与主山相称，不至主弱而宾强，体得而用失，砂水无欺压，牵动之肤，有澄净，安帖之趣。

此乃山水均衡之形势，所谓"四面情形"，即是水形，所谓不至主弱而宾强，亦即山水均衡之意。后段云，砂水无欺压牵运之肤，亦指水与山配。

四、交媾

道其形，曰交媾；道其情，曰雌雄。交媾者是言山水有雌雄交媾之真情也。不动则为阴阳，阴阳动而起用，则为雌雄，为交媾。例如七运双七到向，其实已犯山星下水，若无山可用（不接来龙之气），于七运不迁不发祸而已，但俗师却偏"双七"。是即不知何谓雌雄，何为交媾。雌雄交媾乃阴阳起用得宜，无枯阳寡阴之弊，以"双七"为例，即犯纯阴。未来八运，俗师又必喜"双八"，殊不知亦犯纯阳，如是即失阴阳交媾之旨，玄空之学贵乎灵活，岂有但取"双星"之固定滞耶。

五、相见

所去相见者，即是一山不论一山之阴阳，而论与此山相见之阴阳；一水不论一水之阴阳，而论与此水相见阴阳者是也。阴阳相见有两说，一说是体，一说是用。体之相见，即是山水情形，有相迎相见之情状，此义易知。

唯用之相见，如山上排龙，山上所得星辰，要与水里所得星辰阴阳相见，水里排龙，水里所得星辰，又要与山上所得星辰往来相见。相见者，即是阴阳动静配合，生生不息之谓也。

六、冲和

冲和是言体得其体，用得其用。有阴阳动静配合生成之妙也。冲和者，初看似形势平平，然而一按飞星，配合排龙及水法，却处处生旺，兼且阴阳得宜，亦即龙、水、坐、向皆得生旺吉，如斯即发福久远，是谓平谈中见生机也。昔日王候帝宅，无不取冲和为用，不如今人，但求速发，以为发后亦可易宅而居，殊不知暴发之宅，年星月星亦可令其暴败，是焉及冲和之妙耶。

八极神枢

一曰清真，二曰专一，三曰深蓄，四曰端平，
五曰翕聚，六曰环卫，七曰中和，八曰明净。

一曰清真。清者，是言来龙、来脉、来水、干支方位之不杂也。此则谓之清。

真者，真也。真而再兼不杂，方谓清真。原注：杂者，亥壬、乙辰之类也。清者，子癸、午丁、乾亥、坤申之谓也。此即以出卦为杂，不出卦为清，至于说"真者真也"，说了有如未说，其实是说来龙真确，非如俗师之追山寻龙。所谓"龙真穴的"，先决条件仍在"龙真"。

二曰专一。言干支有干支之专一、情性有情性之专一。穴情、砂水、朝案，及情性、干支，都以专一者为贵。

专者，专于此也，龙脉专于此，砂水专于此，四面横向之情亦专于此，故曰专一。

"专于此"之"此"，指宅穴而言。龙脉、砂水、四面横向之气皆为宅穴所收，即是专一。

三曰深蓄。深蓄则气厚，浅露则气薄。穴贵窝藏，忌突露；穴贵和平，忌偏斜欹侧。此乃论形。阳宅亦不宜孤耸。

四曰端平。端平言不欹不侧，端方乎正。主山有尊严之势，砂水有朝横之情。平者，无偏无侧之谓也。山不论大小，只要端方周正，定出贤人高士、忠臣孝子。大忌侧体顾人，定出奸邪之辈。此亦论形。街道交成三角者，地基过份偏斜者，或前阔后窄、后阔前窄，而大失比例者，皆欠端方平正。

五曰翕聚，形止气蓄，方是翕聚。翕者，合也。聚者，藏也，蓄也。谓山水精灵都翕聚于此也。"形止聚蓄"为要旨。此即谓水交会处，山交会处，而挨排星曜吉祥，如排龙五吉即是。

六曰环卫，言穴气须固也。四面照顾有情，谓之环卫。此言处六事有情。如金宅，外六事无火星凌犯之类。有则非环卫也。

七曰中和，言不偏不倚，不欹不侧，不上不下，不沉不浮，山水兼得都谓之中和。

中和云者，阳水。阴山，彼此生生之谓也。《青囊经》云：相见而得其中和之气者，福禄永贞，相见而不得其中和之气者，便是祸咎之根者，此也。

此乃形气兼察而言。于挨星一六、二七等处，见中和之形则妙，倚侧上下则凶。如旁有一六，而其地高耸，是一六水有由上而下之势，须慎防水星作祸。

八曰明净。言立穴无碍也。我不碍人，人不碍我，自然明净口再水光照穴有情处，须得方圆明净形如镜者：此谓之真明净也。此亦形气兼察，矮屋于吉方为高楼所蔽，则为人碍我，而高楼亦犯我碍人之弊。现代城市往往有两幢大厦中夹矮楼者，即彼此皆不明净，女吉凶，依星曜而定，相碍之方，吉则减吉，凶则增凶。

原注：此黄舆建极之神符，青囊传心之兴旨。无极大，衍此灵

心眼指要

符，远溯管郭，中及杨曾，近秘刘赖，无能出此范围，苟能神而明之，变而通之，诚济世之津梁，救贫之金丹，宝之宝之，金质奖示匪人，恐招造物之忌也。

心眼指要卷二

《说卦传》

传曰：数往者顺，知来者逆。其法，盖以中五为皇极，中五以前为往，往者顺，一二三四是也；中五以后为来，来者逆，九八七六是也。

又曰：是故易逆数也。盖自《河图》变易出《洛书》，对待纵横，自然之理也；逆数云者，将往来生成之数皆入中宫逆数。其所以逆数之故。

余不揣固陋，特绘《河图》变易出《洛书》于右，以博精乎易理者一笑也。

【白话注解】

河图，洛书的关系，一般认为河图为体，洛书为用；河图主常，洛书主变；河图重合，洛书重分；方圆相藏，阴阳相抱，相互为用，不可分割。南宋朱熹、蔡元定："河图主全，故极于十；洛书主变，故极于九。""河图以五生数统五成数而同处于方，盖揭其全以示人而道其常，数之体也。洛书以五奇数统四偶数而各居其所，盖主于阳以统阴而肇其变，数之用也。"并认为河图象天圆，其数为三，为奇；洛书象地方，其数为二，为偶。具有奇偶相配、阴阳互抱、生成相依的特点；两者一分一合，体现对立统一、盛衰动静的辩证关系。

玄空运盘山向飞星的顺逆，就是根据《说卦传》的这段原理。在此章仲山于本节先乃借说卦传，是顺逆之例。说明挨星之法，故先说顺逆之事，在以前的圣人在创造易的时候，把这用来使能够适应本身的能力和使命的规律和标准。因为这样做出自然的规律。

邵子四十五点洛书　图四

陈抟先天图，亦曰太极图。　图一
（赵氏六书本意为天地自然之图）

伏羲八卦方位图　图五

陈抟先天图外加八卦　图二

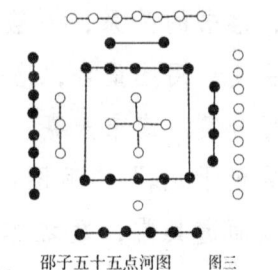

文王八卦方位图　图六

邵子五十五点河图　图三

特引入《沈氏玄空学》问答部分。或问："天地生成之数究有根据否？"

答曰："易曰，天一、地二、天三、地四、天五、地六、天七、地八、人九、地十，乃五行生成数也。然学易者有以为穿凿，惟子华子言之凿凿，其云：天地之大，数莫过于五，莫中于五，盖五为土数，位居中央，合北方水一则成六；合南方火二则成七；合东方木三则成人；合西方金四则成九。云云。后人以子华子为伪书，然其文古雅即伪亦汉时人语也。

天地者，单数为天，故一、三、五、七、九为天。双真数为地，故二、四、六、八、十为地。

袁香溪丈问："万物土中生，万物二卜中死，二语究合于易否？"

答曰："盈天地万物莫不与易相通，此即天数五，地数五，五位相得而各有合，合之一字，即为生死之关键，如乾坎合一六，六去一为五；坤兑合二七，七去二为五；巽离合四九，九去四为五；震艮合三八，八去三为五，与中央戊五相合则天地数，咸五矣，此死中求生也，然乾去五为一，与坎一同，离兑艮亦复如是，此生中求死也。"

在此沈公此说，发河洛之精蕴，今天研究玄空者，殆能知八国（八个方位）间配合生成与寄宫矣。然究未明生成数之错综参变，不离于五，天数地数合之亦各为五之义，五为戊己土，是故万物不能逃于土也。这也告诉我们一道理，凡九星顺飞，必不能排得当运旺星至本位，凡九星逆飞，必能排得当运旺星至本位。请参阅下面五图即能明白数往者顺，知来者逆。其法，盖以中五为皇极，中五以前为往，往者顺，一二三四是也；中五以后为来，来者逆，九八七六是也。

心眼指要

四	九	二
三	五	七
八	一	六

四八	八三	一六
五九	三七	五一
四九	七二	六二

二一	五六	四三
三二	九一	八七
七六	五四	八九

五七	九二	七九
八六	四六	二四
三一	一八	三五

三九	七四	二五
四一	二八	九六
八五	六三	一七

传心八易

兵法有八阵，医方亦有八阵，地理有传心八易；一而八之，所以通变化，八而一之，所以辨天心。

兵法之八阵，系国家之危；医方之八阵，司性命之存亡；地理之八易，顺天气之流行，关子孙之兴替，学者当细心参考。《青囊》、《天玉》之机，自能略见一斑矣。

图南先生八大局，即是地理之八阵，特以天心所秘，故不敢笔之于书；聊因俗本，略露一端，贵学者细心自悟，必有所得也。

传心八易：陈希夷得曾文迪传授玄空学所作

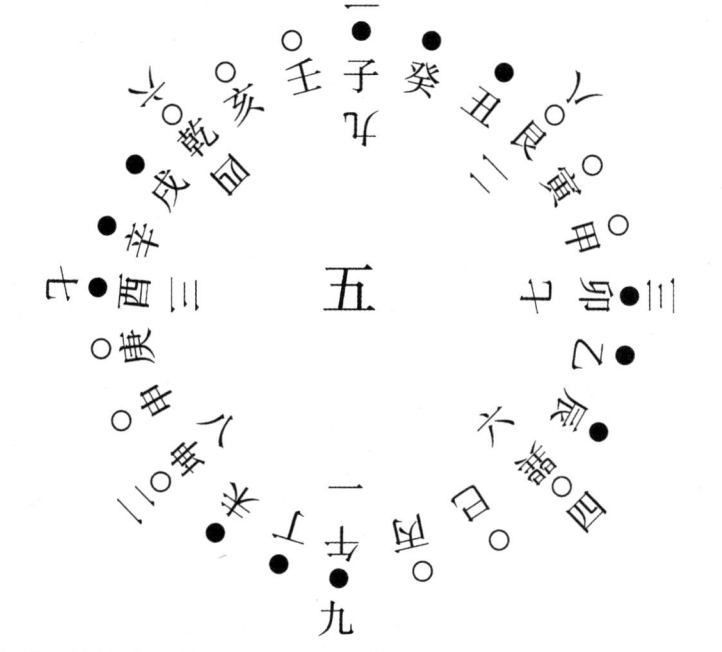

心眼指要

【白话注解】

　　顺逆之挨排。五顺飞内围，五逆飞外围，于是四正四隅，便恰有一九、二八、三七、四六等合适之数。四正四隅为天元，故地理以天元为贵。否则子午、丁癸挨星相同，彼此又有何分别耶，分别之处，正在于丁癸即无此顺逆合十之机。八大局者，即除中五外，以一至九数为皇极，入中来排，阳顺阴逆，如是以成八局，此种挨星之法，现代人尽皆知，但在古代是很隐秘的。

九二	五六	七四
八三	一一 顺逆	三八
四七	六五	二九

一三	六七	八五
九四	二二 顺逆	四九
五八	七六	三一

二四	七八	九六
一五	三三 顺逆	五一
六九	八七	四二

三五	八九	一七
二六	四四 顺逆	六二
七一	九八	五三

五七	一二	三九
四八	六六 顺逆	八四
九三	二一	七五

六八	二三	四一
五九	七七 顺逆	九五
一四	三二	八六

七九	三四	五二
六一	八八 顺逆	一六
二五	四三	九七

八一	四五	六三
七二	九九 顺逆	二七
三六	五四	一八

八阵图解

兵法八阵者，天阵、地阵、风阵、云阵、龙阵、鸟阵、蛇阵、虎阵也。

八阵合而为一，则平川之中自有城府；散而为八，则四面八方动用无疆，真是环环相扣，变幻莫测，无始无终。兵法八阵也是天地定位，天居两端，地居中间，前后有冲。风附于天，云附于地。天地风云为四正，龙鸟蛇虎为四奇，总称八阵。

医方八阵者，补、和、攻、散、寒、热、固、因也。人之阴阳失调则百病丛生，古者以药为兵，以方为阵，攻除病灶，使身心得以康健。

地学八阵即陈希夷传心八局，以弼收尽阳神归穴中，以武除煞，是以龙神健旺，富贵在手。然天心动，九宫更，又非死法所求也。万物皆有定数，古代各种术数的最后演绎也必定要归于数，地理之数九，也虚一而用，虚一者，非弃一，而是实数皆从此虚而出，一即是八，八即是九，总而为九，用而其八，合而为一，变幻无穷也。

俯察之理本乎《洛书》

理气一法原本洛书九气，上应北斗，主宰天地化育之道，运管四时，流通八国，正是理气之宗祖，用法之真诠。

如得其诀用之，究盈虚，考消息，测盛衰，辨得失，如镜临物，一毫不爽者也。

如不得其诀，徒以洛书之坎一、坤二、固定方位，辨吉凶、定盛衰者，何异乎刻舟求剑耶！

【白话注解】

俯察就是低头看地。此说玄空理气挨星的运行出自于洛书。

洛书九气又叫三元九运，曾被很多人怀疑甚至认为是"迷信"，在天文学发展的今天，这一切都可以得到充分的证明，洛书九气学说是源于北斗七星，而三元九运学说则源于太阳系的九星联珠。杨公则巧妙地运用洛书九气来推算三元九运，将三元九运依洛书九气分成九个元运，最终又合归为一百八十年一元运。

理气三字经

**大玄空，妙无穷，排六甲，运九龙，
来何地，落何宫，颠颠倒，顺逆从。
坤壬乙，是巨门，巽辰亥，武曲名，
艮丙辛，是破军，甲癸申，贪狼行。
天心动，九宫更，是巨门，非巨门，
非巨门，是巨门，双双起，无定名。
通变化，都是春。**

【白话注解】

或问，何谓玄空？答：在很多古书上，玄空都写为元空，主要为了避讳清朝康熙皇帝玄烨名字中的玄字。玄空二字，传亦久矣，诸子百家解此二字甚多，皆未的当。"玄者一也。"此系明解，至空之一字尤为难解。然空非真空，空中亦有所凭藉。佛家言："色不异空，空不异色，色即是空，空即是色，受想行识，亦复如是。"则空非凭藉于五蕴不可也，即凭藉五蕴是空即有物矣。此西方圣人与东方圣人之理同也。然空之凭藉即窍也，窍有九，故曰九窍，是玄空二字，自一至九之谓然，一至九非定数也，有错综参伍存乎其间，故以玄空二字代之。固玄即心，即一，即理之微始。空即虚，即九，即尽。自然之道起于一，尽于九也。

此说依三元九运挨排。由是即知说玄空只有八运者是错误的。来何地，落河宫，颠倒颠，顺逆丛。此说来龙与定向，各有顺逆法则。坤壬乙则是讲了九星的替卦挨星图。

一顺一逆，一正一反，一阴一阳为地理正宗，若是明白这个的道理，所作之地，就会遵从大道，就会像春天一样，充满生机。

学习玄空风水术首先要懂得三元九运，什么叫做三元九运呢，三元即上中下三元，九运即三运之中的九星所主的运程，九星依次顺序为一白，二黑，三碧，四绿，五黄，六白，七赤，八白，九紫。上元管一白二黑三碧三星，每星管20年，每星每20年为一运；中元管四绿五黄六白三星，每星管20年，每星每20年为一运；下元管七赤八白九紫三星，每星管20年，每星每20年为一运。九星即九运，上中下三元即为三元，每一元60年，三元共180年。在这里公布蒋大鸿的挨星诀如下，另外挨星诀在正向时不用，只有在替卦即兼向时用。《天玉经》曰："惟有挨星最为贵，泄露天机密"。

甲癸申，贪狼一路行；坤壬乙，巨门从头出；
子卯未，三碧禄存到；戌乾巳，四绿文曲照；
辰巽亥，六白武曲位；艮丙辛，七赤破军星；
寅庚丁，八白左辅星；午酉丑，九紫右弼守。

堪舆为天地之总名

堪天道，舆地道，堪舆之道，即天地之道。

天主降，地主升，天主动，地主静，天依形，地附气，理寓于气，气囿于形，故形家择地，必使所取之地足以承天，天不我隔，必使所承之山足以纳气，气不我去。天地合其德，体用合其宜，虽读《青囊》万卷，无外乎此矣。

朱子云："位者，安其所育者，遂其生"。；苟能安其所，遂其生，即是体得其体，用得其用矣。无奈世人不知堪舆为何物，只从水之左来右到，立向消纳，此犹指天而射鱼，焉能得中耶？

天为气之始，故气机初动，而万物悉资之以为始也；一始则无所不始，而生而成，总此一元直贯，故曰统天。如晓玄空之精髓，则天道始终、迭运消长之机，都在掌握中矣。

天者气也，万物之始，气始之也；生者形始之也，万物资坤以生，然非坤之自为也，乃顺承乎天气之始耳。故此收山纳水，须承天气，方谓之承生气。

天地之道可一言而尽，其为物不贰，则其生物不测。天以一诚运于上，地以一诚运于下，故生物不测；诚为物之体，物为诚之用，体用各得，方是物物一鬼神，即是物物一太极。

天地不合，万物不生，天地合而万物生，天地交而万物通；得体得用，即是交合。至不息者，天也；至不动者，地也。一动一静，万物生生化化之气机。

天以气煦，地以形姁，天圆地方，圆者一而围三，三各一奇，故参天而为三；方者一而围四，四合二偶，故两地而为二。万数皆由此而起，一定名，通变化，都是春。

【白话注解】

堪舆为天地之总名，堪为天道，舆为地道。堪舆之道，即天地的大道理。天星降临的风水宝地由龙水而取，龙水即天所附之形。承气之山足以纳气，由坐向而取，坐向即地所附之气。即此之意排龙以定位则必体用成宜。

天道用此一元之气，则以生、成为主。如山星六、水星一，居于向首之时，则呈"天一生水，地六成之"之功，虽非当元，亦见绵绵发福。

收山纳水须承天气，方谓之承生气。此语其如的当，若江湖辈能握此宗旨，则虽匠亦不致累人。天地之道可一言而尽，其为物不二，则其生物不测。故堪舆之为道，贵乎龙水向山一气专注。

心眼指要

欲用金则取金之专气，龙水向山皆情注乎金，此即物物一太极。天地不合，万物不生，天地合而万物生，天地交而万物通。得体得用，即是交合。至不息者，凡水必动，若水生旺，则用静辅之，故有时可以用土。以此为例，余可类推。天地一定不变的道理。

　　唐国师丘公延翰云：易有太极，是生两仪。两仪生四象，四象生八卦，八卦定吉凶。夫太极未分之先，天地人物未有也。冲漠朕兆，惟一气耳。一气既分，轻清为天，重浊为地。轻清之精上而列日月星宿，浊气之精下疑山河草木，一阴一阳，两仪奠位，天地生成。人禀理气，混然中处，阳变阴合，五气以生。五气流行，八卦象位。八卦既定，四方始正，而变化无穷焉。地法本乎理气之妙，以推山川之生成。原始返终，以知死生之说，以定吉凶之机，其理微矣。

阴阳刚柔

　　天地之间，本一气之流行，而有动静之分；以其流行之气，统体而言谓之天，无所不包。以其动静分之而言，则有阴阳刚柔之别；以其气而言，则阳为刚、阴为柔；以其质而言，则阴为刚而阳为柔矣。

【白话注解】

　　章仲山在此写得比较隐秘。动静、阴阳、刚柔在有形的地方指龙穴砂水藏风得水，在无形的地方指立极坐向，应生气避煞气。

　　此气之刚柔不同质之刚柔，此须注意。阴阳刚柔，万物化生，借阴阳的生态转换与生命的生成节律来说明宇宙的发生及万物的起源，蕴含着深刻的生命智慧和生存智慧。

宋国师吴公景鸾曰：太极者，理气之原也。太极阴阳，初无畾象名字，特借此以明此理气耳。太极决分，天地奠位。天体圆，圆者径一而围三，故数奇，因名曰阳；地体方，方者经一而围四，故数偶，因命曰阴。阳变阴合，而有太阳、太阴、少阳、少阴之象。而金生水，木生火也。水数六，居坎而生乾，金数九，居兑而生坤。火数七，居离而生巽。木数八，居震而生艮。于是震东，离南，兑西，坎北，巽东南，艮东北，坤西南，乾西北，八卦始有定位，而变化无穷焉。地法因之，故大挠氏为罗经，相其阴阳，为返本还原之道。立棺椁葬埋之说，使气感应，鬼福及人，明生成之意无间断也。附蔡牧堂《发微论》刚柔篇看天地之道：

易曰：立天之道阴与阳，立地之道柔与刚。邵氏文曰：天之道阴阳尽之矣，地之道刚柔尽之矣。故地理之要，莫尚于刚柔。刚柔者，言乎其体质也。天地之初，固若漾沙之势，未有山川之可言也。既而风气相摩，水土相荡，则刚者屹而独存，柔者汩而渐去。于是乎山川形焉。凡山皆祖昆仑，分枝分脉，愈繁愈细，此一本而万殊也。凡水皆宗在海，异派同流，愈合愈广，此万殊而一本也。山体刚而用柔，故高耸而凝定。水体柔而用刚，故上而流行。此又刚中有柔，柔中有刚也。邵氏以水为太柔，火为太刚，土为少柔，石为少刚，所谓地之四象也。水则人身之血，故为太柔。火则人身之气，故为太刚。土则人身之肉，故为少柔。石则人身之骨，故为少刚。合水火土石而为地。尤合血气骨肉而为人。近取诸身，远取诸物，无二理也。若细推之，凡涸燥，然强急之中有缓弱，缓弱之中有强急，则是柔中有刚、刚中有柔也。自此以往，尽推无穷，知者观之，思过半矣。

葬乘生气

葬者，藏也。乘者，接也。葬乘生气，即乘天地阴阳化生万物之生气；然天有天之生气，地有地之生气。

天者气也、用也，地者形也、体也；体有山水之分，用有得失之辨，体有此生彼死之异，用有此往彼来、消长之分。体以活泼灵动者为生，僵直粗顽者为死；要求龙体之生死，全在乎"形"、"气"、"神"三心上着眼方得察神气、看色泽、挨生弃死、去背就面之要诀。

用之生死，盖以来者为生，往者为死；与时合者为生，与时背者为死。要得用之生死，当在盈虚消息上揣摩，自得"察血脉"、"认金龙"、"葬乘生气"之元机矣。诸书所论"乘生气"三字，百二十家未言其详，非从形迹上着眼，即从二十四干支上迷心，妄想颠倒，播弄出许多名色，未曾道着天之生气；须知天之生气，即是化生万物之生气，此气盖以当元者为旺、将来者为生、方过者为衰、过去已久者谓之死。山龙平洋，山水分用，总是一般。

又云，"水以向纳"，"龙以山收"，方得山水分用乘生气之元机。生气即是化生万物之生气，山龙水龙，阴阳二宅，若能承得天地生生之气，自能发福；若背此生气，即便衰退，理所必然。此生气，是玄空无形之生气，非挨左挨右有形可见之生气，又非长生官旺之生气，读者宜辨。

得其阳者生，得其阴者死；顺天之气则生，违天之气则死。此即"葬乘生气"之元机。

夫峦头有形有迹，向背生死有形可见，体认无难；无形者神也、气也，变化不测，阴阳不一，吉凶无定，若非传心传眼者，可与共谈此道耶？

【白话注解】

在此重点讲葬乘生气，一为有形的峦头，二为无形的元运立向。更讲明天地之体用分别。体以活泼灵动者为生，僵直粗顽者为死。要求龙体之生死，全在乎形、气、神三星上着眼。方得察神气，看色泽，挨生弃死，去背就用之生，死，盖以来者为生，往者为死；兴时合者生，与时背者为死。要得用之生死，当在盈虚消息上揣摸，自得气备脉、观金龙、葬乘生气之元机矣。

"乘生气"一语最先出自晋朝郭璞《葬经》："葬者，乘生气也。夫阴阳之气，噫而为风，升而为云，行乎地中而为生气。生气行乎地中，发而生乎万物。人受体于父母，本骸得气，遗体受荫。盖生者，气之聚凝，结者成骨，死而独留。故葬者，反气体内骨，以荫所生之道也。经云：气感而应，鬼福及人。是以铜山西崩，灵钟东应。木华于春，栗芽于室，气行乎地中。其行也。因地之势，其聚也，因势之止；丘垄之骨，冈阜之支，气之所随。经曰：气乘风则散，界水则止。古人聚之使不散，行之使有止，故谓之风水。风水之法，得水为上，藏风次之，何以言之？气之盛，虽流行，而其余犹有止；虽零散，而其深者犹可聚。经曰：外气横行，内气止生。盖言此也。经曰：浅深得乘，风水自成。""葬乘生气"，然此句历代以来解释甚多。

生气样子是如何？大约又是其阴阳变换之理，与峦头方面开面向背之情，祖宗自有其生气，各自开面必向前。龙有龙之生气，节节开面也向前，至于近临定局，只见山山都有生气，各个都开面，若专朝向它个者，则生气必聚钟于此地也。形意合法，方成一团生气。生气所聚，大地可找到。

心眼指要

脉认来龙

点穴之难，难于认气，认气之难，难于认脉；夫脉之形象，细而软，和而缓，动而微，如人身之脉一般，有呼吸浮沉之动气者为生，直硬粗顽者为死。脉之曲直横斜，即是脉之变化生死，忽隐忽现，若断若续，亦是脉之变化生死。苟能识得气脉变化生死之真情，由气脉再察气色之荣枯，穴情之隐显偏正，任尔奇奇怪怪之穴，自无遗漏矣。地理之道不离乎形、气、精神，所谓有神即生，无神即死者，此也。

脉之形象，盖有数种，有一种可一望而知，有一种初看似无，细看实有者；或从本身看者，或从对面看者，或有从傍看者，细看方能观脉之有无也。要之，穴之有无真假，都在此来龙来脉上讨消息也，必细察为妥。

【白话注解】

由形认脉，尚须辩生气旺气，故下章即言"认生死"。

在这里我们来看一下明末清初中国地理风水的著名大师刘若谷先生关于龙脉的描述，言简意深，理论全面中肯，是研究风水地理必读之作。为使读者更好理解，特用白话解译：

地理之妙，天地当以有传，先师秘而不宣，

首识来龙之法，论明结作之情，详究点穴之方。

细观砂水之意，走闪脱化者，转变之机；起伏曲折者，行度之准。

出身贵，坦胸而开面，落脉怕突骨而露筋，体态端庄，方成大器。

贯顶饱硬，必是凶图。胎息妙乎偎藏，星辰贵于峙起。

阴阳动静，二者贵乎兼施；虚实刚柔，各处求其中节。

不知其子者，先观其父；不识其主者，先看其奴。

前呼后拥，定为贵格之龙；反背侧身，必是他人之辅。

缠送者，有奔走不遑之概；环卫者，有归降朝拱之形。

节节追寻，寻得一局方可止。

枝枝细看，见其一节便堪求。众山杂乱，须知移步换形。

前面朝拜，定有君王即位。或因就局而趋于横道，有时避杀而闪于偏斜，

全势不回，虽巧媚端严而亦假；周围拱顾，即奇形怪状而愈真。

若逢四面迫囚，喜得一泄而通其闭；莫道全盘尽美，须知一破皆非。

界水穿肩，何须着眼？头斜脚窜，不必劳心。

如界深涯漏，龙虎虽端，究难其结；合水成尖咀，乳头虽好，亦是虚花。

入首模糊，纵有星辰而亦假；玄武不顾，即有气脉总成空。

界水最重分明，肩背必须园厚；过峡是来龙性命，防护宜周。

束咽为入首根基，贯串宜紧。莫谓好头好面，须详察其真情。

休言无迹无踪，可细分其脉络。穴上看金顶之园头，穴下看托起之兜唇。

穴旁看腮角之荡开，穴下看微茫之合水。上以束咽为的，下以炉底为真。

内以球园檐滴为凭，外以天心十道为准。正面难寻须向角，顶头不化下寻求。

百死取其一生，众同求其独异。隐隐隆隆，气聚丰肤之外。

浑浑噩噩，神藏象貌之中；若隐若现，验生气之潜藏。

有弦有棱，识星辰之开面。边虚边实，方是灵机。

边缩边长，斯为妙缔。无论窝钳乳凸，一结定有用神。

任他平地高山，到穴不离化气。总之体要灵，龙要变，砂要抱，水要弯。

横龙要鬼尾，逆局要挡唇；水宜聚，砂宜扣，贪多者当识其微。

制远者先观其近，水鱼不合，枉教九曲来朝。肘腑不全，空有万山献秀。

宁可龙虎或缺，最忌堂气无收。察意于面目之间，验真伪于向背之际。

局不取阔而取聚，砂不论形而论情。若是我砂，当面必然回顾。

果然我局，脚下一定窝平。填缺补空，一可当百。

倾流散荡，万派皆空。曲直短长，处处求其中节。

高低大小，山山裁取合宜；点穴对准天心，难移尺寸。

葬棺紧接来脉，酌其浅深；宁从是处求非，莫可无中生有。

读书者，贵心领而神会；寻地者，要目巧以心灵。

悟此一篇，千里可得；得其一诀，妙用无穷。峦头穴诀，尽括于斯；神而明之，存乎其人矣！

认生死

地理之道，惟生气最为难认。盖生气之外，上下左右皆是死气，认气者，须于百死之中认其一生；一生之外，识其百死，脱煞就和，挨生弃死于毫厘尺寸之间。再辨来龙来脉是何方位、是何干支，山与水一一辨清，再兼用法，因地置宜，随时兼取，斯为得之。

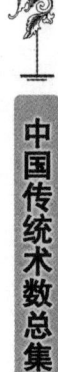

认生死为堪舆家第一件要事，宜细察之。

【白话注解】

此明说峦头风水龙脉，语言中也隐说排龙的取舍标准，所谓"认生死"也。蔡牧堂《发微论》中对龙脉的讲解为：生死者言乎其取舍也。夫千里来龙，不过一席之地，倘非以生死别之，则何所决择哉。生死之说非一端，大概有气者为生，无气者为死，脉活动者为生，粗硬者为死。龙势推左，则左为生右为死。推右，则右为生左为死。又如瘦中取肉，则瘦处死而肉处生。饱中取饿，则饿处生而饱处死。凡此之类，又在人细推之。生则在所取，死则在所舍。取舍明而后穴法定，而后祸福应。若生死难辨，取舍何当，则非真造化矣。

审理气

天即理也，理为天之体，气为天之用；理气云者，是分理三元九运，运行迁谢，盈虚消长之气也。夫三元九运盈虚消长之气，无形可见，无迹可寻者也，读者从何可理解？苟能理得三元九运，运行迁谢之气，孰往孰来，谁消谁长，必使来者长者而趋之，往者消者而避之，如是这样，再看金龙、乘生气、察血脉、认来龙之元机，皆能了了矣。

天地阴阳之化生，实为生民性命之根源，首把握补救之妙用者，诚我道代天之大权，使我于此而见理不真，眼法不到，一举一动，贼害有不可胜言者矣。天道贵信，地道贵真，不信不真，万物不生；动者天也，变者，物从而变化，则有不知其所以然而然者也。

心眼指要

眼以形见，体也；心以理明，用也。气者，天之体；易者，天之用。物之千变万化皆由此气，非有绸缪而能如是也。天，有时以生、有时以杀，生杀即阴阳消长之道；用法当趋其生，避其杀。天以阳生万物，以阴成万物，生者仁也，成者义也；故理气者当趋其生而避其成也。

【白话注解】

理为天之体，气为天之用。理气云是分理三元、九运、运行伦谢，盈虚消长之气无常派排龙，取一四七，二五八，三六九之三般卦，要体用配合。就像有手臂为体，有力量时才能打人为用，小孩时不能打人，生病时也不能打人一理也。玄空风水以排龙为先天之气，元运已属后天，二者不相混，故即不凭元运以定排龙。然而一六、二七等先天生成之数亦未当不用，如巨门龙宜二七运之类，此即与无常派仍按元运有别。天地阴阳之化生，实生民性命之根源。把握补救之妙用者，天道贵信，地道贵真。不信不真，万物不生。譬如一六，若于一运，六为衰死之气，故当避之。然若一六同宫或通气，则不作别论。生气为天之体；易者为天之用。物万由此气，趋其生，避其杀。趋避之道。

眼睛所能看到的为体，峦头也；心里所想的道理方法为用，真理气也。心可以明理气，眼则可以明物形。本书的理论精髓，也是正宗风水的精髓。轻狂者读之，自会轻而忽之；学养深者，自会体味出章仲山辑集的前贤经验，有极深的妙理。越是经过思考和阅历越足，便越会知道此书的重要。

分阴阳

山有山之阴阳，水有水之阴阳。

山之阴阳，盖以开面者为阳，收束者为阴；曲动活泼者为阳，僵直粗顽者为阴；又以向穴者为阳，背穴者为阴也。水之阴阳，盖以特阔特大者为阳，狭小直硬者为阴；屈曲活动者为阳，破碎偏斜者为阴；有情顾穴者为阳、无情向穴者为阴。干支有干支之阴阳，卦爻有卦爻之阴阳。卦爻之阴阳，盖以奇者为阳，偶者为阴；干支之阴阳，则又以甲庚壬丙为阳，乙辛丁癸为阴。支之阴阳，以辰戌丑未为阴，寅申巳亥为阳。至若颠倒无定之阴阳，则又以来何地、落何宫，随时而在者分阴阳也。

龙须要干支清纯、水龙亦要干支不杂；如来龙来脉有错杂之病，须求水法纯一以补之。或山水都带夹杂之病，须用五吉以救之，此亦心眼之至要者也

【白话注解】

峦头之阴阳好辩，理气之阴阳难明，这才是玄空风水的精华所在，这才是大师和俗师的区别。这里也讲明玄空风水重在承运辩向结合峦头。

山龙须要干支清纯、水龙亦要干支不杂。如来龙来脉有错杂之病，须求水法纯一以补之。或山水都带夹杂之病，五吉以救之，此亦心眼指要重点。此处章仲山透露诀法之用。用五吉，即排龙以择地定向。若吉龙出卦杂乱，水亦紊乱，因吉龙故，当可补救。

干支之阴阳，则又以甲庚壬丙为阳，乙辛丁癸为阴。支之阴阳，以辰戌丑未为阴，寅申巳亥为阳此讲的是后天三元龙法，人

元、地元、天元的阴阳，在此我就不多说了，下面我就要分析一下"至若颠倒无定之阴阳，则又以来何地、落何宫，随时而在者分阴阳也。"的阴阳如何断古代人再写风水书事都有所保留，玄空风水除后天飞星外主财，还有先天排龙主人丁，排龙所用宫位共有十二宫。即子宫、丑宫、寅宫至亥宫，总计十二个宫位。排龙十二宫其中每一宫位内共有二山，共成二十四山。十二宫其分布如下。

　　子宫内有　子山、癸山　丑宫内有　丑山、艮山
　　寅宫内有　寅山、甲山　卯宫内有　卯山、乙山
　　辰宫内有　辰山、巽山　巳宫内有　巳山、丙山
　　午宫内有　午山、丁山　未宫内有　未山、坤山
　　申宫内有　申山、庚山　酉宫内有　酉山、辛山
　　戌宫内有　戌山、乾山　亥宫内有　亥山、壬山

同时这十二个宫位也对应手上起掌盘法，在玄空风水上排龙一共是十二个星曜，但这十二个星曜里以右弼、左辅、武曲、贪狼、巨门为五吉。排龙若得此五龙为吉龙，主发福。若遇破军、廉贞、文曲、禄存为凶龙，因破军在十二星曜中共出现四次，加上廉、文、禄一共是七，故言七凶。

因排龙属先天，所以二十四山阴阳与后天飞星有所不同。此先天二十四山阴阳属极大的秘密，在先天排龙中的阴阳是以十二地支的山向为阴。其余八干四维为阳，而且是以阴顺阳逆的来行宫度位，此为秘中之秘。在此引入中州派的排龙诀口诀，仅供参考：

　　龙对山山起破军，破军顺逆两头分。
　　右廉破武贪狼位，迭迭挨加破左文。
　　破巨禄存星十二，七凶五吉定乾坤。
　　支兼干出真龙贵，须从入首认其真。

排龙诀中顺飞逆飞时星曜的顺序都是一致的，具体来言顺序是如下排列的

1 破军、2 右弼、3 廉贞、4 破军、5 武曲、6 贪狼
7 破军、8 左辅、9 文曲、10 破军、11 巨门、12 禄存
这样我们就明白"五吉"从何说起了。

辨顺逆

与时合者为顺，又名正神；与时背者为逆，又名零神。

顺则生旺，逆则衰死，此顺逆是气运消长之顺逆，非干支颠倒之顺逆也。所谓"顺天者昌"，此也。"葬乘生气"者，亦即此也。然有山水之分用，读者宜察。

【白话注解】

零神与正神的合理运用，是玄空风水十分重要的问题，不管阴阳二宅立何山向，都离不开零神与正神的运用！要分真阴阳和真夫妇，必须从阴阳着手，要分"阴阳"，必须从"阴阳"二字看零正，这是一个重要的总原则。知道那方是零神，在使用时就要知道"若遇正神正位装（坐正），拨水入零堂（向零），零堂正向须知好，认取来山脑，水上排龙点位装，积谷万余仓。"以上意思，就是说如果符合零正原则，就可以发富贵了，零神与正神，目前有很多人并不能完全理解真正的意义。正神的含义：即是当运的旺神。就是当令当运得时的神。代表为人丁。零神的含义：即是当运旺神所对之星。就是失运、衰运、死运的神。代表为财禄。简单地说：正神就是当运的星！零神就是失运的星！

如七运七赤即与时合为正神；三碧即与时背为零神。顺即生旺，逆即衰死。此顺逆乃气运消长之顺逆，非干支颠倒之顺逆也。所谓顺天者昌。葬乘生气都是这个道理。然山水之分用，读者宜

察。"山水之用"乃属要语。山最忌零神，水则尚可"背水入零堂"，通向正神所在之方。暴发时亦爱，暴败时即破。双星之局并非不可用，唯须识用，慎之慎之。

推三吉

九星八卦本无有吉，合时则吉；本无有凶，背时则凶。

推者，推算何星旺于何时，何卦吉于何运也。三吉者，有一卦即有三卦，有一吉即有三吉。然此三吉，吉凶无着，随用而转移者也。

【白话注解】

此三吉在此说的三般卦。三般卦分父母三般卦和连珠三般卦。还有一种解释，一卦清纯，来龙一定，就要收另外三卦的生气，这样才合得乘得生气，消煞纳水。

辨别落脉

大凡结地，主山必成星体，星体之上必起六府小顶，小顶下开阳开面，中间微微起脊而落者谓之脉，细软而活动者亦谓之脉。行乎脉之内者为气，生动无脊者亦为气，忽伏忽起、有晕有轮者亦为气；狭小而微有脊者方谓之脉，收而束细如丝、如带，此谓之线脉。若不知葬气，但知葬脉的，其不犯刚、饱、硬、直者鲜矣！人身之脉以气而行，山龙之脉以水而运，气藏于内，水界于外，真龙转折而来者，自有曲折之水相应；知此，方知水为领气之神。下文所谓"因水验气"者，此也。脉之为状，小也、细也、微也。其状如丝如带也。微者，似有似无则模糊难见，细小则显明而易见，故细小比之于微，稍为较大也。

【白话注解】

若不知葬气，但知葬脉，其不犯刚、饱、硬、直者鲜矣。章仲山论阴宅，阳宅其实同理。水为领气之神。气脉的形状如丝如带。微者似有似无，则模糊观见，细小则显明而易见。此论山龙平地支脉。专讲峦头。

五气行乎地中，发而生乎万物。其行也，因地之势；其聚也，因势之止。是故气囿于形。而形分三势焉，曰山垄之势，曰平冈之势，曰平地之势也。何谓山垄之势？其龙踊跃奔腾，起伏顿跌，磊落低昂，《葬书》所谓"若伏若连，其原自天。若水之波，若马之驰。"又曰："势如万马，自天而下。"吴公譬之"群羊之出栈"者是也。李淳风名为起伏脉。何谓平冈之势？其龙逶迤奔走，屈曲摆折，之东走西，活动宛转，《葬书》所谓"宛委自复，回环重复。"又曰"逶走东西，或为南北。"吴公譬之"生蛇之出洞"者是也。李淳风名为"仙带脉"。何谓平支之势？其龙坦夷旷阔，相牵相连，珠丝马迹，藕断丝牵。平中一突，铺毡展席，《葬书》所谓"隐隐隆隆，微妙玄通，吉在其中。"又曰："地有吉气，土随而起；支有止气，水随而比。"吴公譬之"草蛇灰线"者是也。李淳风名为"平受脉龙"。虽变态不一，若难以定法拘。然大都不外此三势耳。三势不同，其融结力量轻重大小，本无二致。然所谓山谷多起伏格，平冈多仙带格，平阳多平受格，亦只举大概言之。要之，三格之龙皆起于高山大垄，而分落平冈平地，故虽山谷亦有落平冈平地而结穴者。平地中亦有墩埠忽然连起而结穴者，此则又为奇特。盖山谷以起伏为常，而落平田则脱卸得清；平田以平受为常，而起墩埠则气聚得旺。《经》曰："高山大岭多尖峰，不似平原一锥卓。"《赋》曰："穷源千仞，不如平地一堆。"是言平地以墩埠为贵也。《经》曰："山来垄右尖如削，尽起贪狼更高卓。此地如何不出文，只为峰多反成浊。"又曰："或从高山落平地，或从大山落低小。不知山穷落坪处，穴在坪中贵无敌。"是言山谷以落坪为贵也。然起伏格虽星峰磊落，而平冈平地亦有星辰。惟是倒地平面，未易检点。吴公《口诀》云："眠倒星辰竖起看，却与高峰同一样。高峰万仞受风吹，不是平波龙气旺。"是故三势之龙，各自有妙，未可以星峰高下论优劣也。如以天下大形势论之，陇、蜀、两广多山，冀、周、齐、鲁多平洋，吴越多冈埠，而人才在在有之。可见高山平地之融结，其禀有造化则一也。

龙之落局，融结不一。而其大要有三：有初落，有中落，有末落。凡龙之受穴，初落、中落、末落之外，又分三等。其力量轻重，亦有不同。所谓三等者，曰正受，曰分受，曰旁受也。正受之穴，力量极大，发福悠久；分受次之，旁受为下耳。此以力量大小品其优劣。但结作真实，三者皆吉，不可以旁受力量之小而专一图其正受之地。明师下地，如大匠用木，大者为椽，细者为桷，榑栌根闑居楔，各当其宜，岂可以其为小材而弃之？卜氏云"大富大贵而大者受用，小福小吉而小者宜当"是也。大以成大，小以成小，良师岂可无善裁之术乎？

正受穴

正受者，龙势迢迢，虽分牙布爪，万岭千山，皆为我用，千里百里，尽钟于此。而特结正受之穴，其力量最大，其发富最久。《至宝经》云："正龙专受，富贵长久。"

分受穴

分受穴者，正龙身上分出一枝，起星辰，有枝脚，过峡传变，皆有护卫。自立门户，自开堂局，以结形穴，不为他人作用神也。但非正枝，乃分落之龙融结者，故曰分受穴。力量随龙长短，亦能发福，但不如正受之长远耳。《至宝经》云："挂龙分受，富贵难久。"

旁受穴

旁受者，多是正龙旺盛，或于过峡处，或于枝脚桡棹间，或于缠送护托从龙之上，或龙虎余气、官鬼之所，带有小穴。傍城借势，或别立门户，随其大小，结为形穴。穴情明白，四面登对，亦能发越，但易成易败，力量全轻。子微《玉髓》云："也有一龙生数穴，或轻或重故有诀。"杨公云："千里来龙只一穴，正者为优旁者劣。"蔡西山云："大凡一龙，不专一穴，本身随带，必有小穴。如大官宦必有从官，大衙府必有曹属。第轻重大小不同耳。"此旁受穴之谓也。然此等小穴，发福极速。但正穴下后，夺其龙气，必败。诀云："正龙未下旁龙发，下了正龙旁龙歇。"《捉脉赋》云："真穴未葬，虽边傍而可发；正穴既下，尽气脉以兼收。"此之谓也。

赶裹棱弦向背之情

赶裹者，是言四面环抱有情之谓也；棱弦者，是言开面、开

心眼指要

口、开肩、开手，有层有级，有棱有角，外背内面，拱向有情之谓也。气之有无，穴之真假，都在棱弦、赶裹、向背上讨消息也。远看近看，前看后看，内看外看，细看诸山形势之所归，精神之所聚，真气之所钟，再察穴情之真假，土色之荣枯，神气之有无生死，此亦看地之最要者也。如看地，若不辨气之生死，土色之荣枯，犹看死尸一般。死尸犹是人也，惟无气耳。

【白话注解】

此语精誓，始知有气无气。需要看龙脉的性情，察穴情之真假，辨气之生死，土色之荣枯，一切合情即为吉地，否则为凶地。此处讲峦头向背之情。即辨山情水意。

山水向我者为有情，背我者为无情，我者主也。立穴之所，立宅之所皆我也。向左则情在左，向右则情在右，犹人之四肢，皆向内而不向外，情在于身也。植物之枝叶，枝枝向本身，亦情在内也。地理论形势，不外乎一情字，论理气不外乎一时字，合情合时则为休，失情失时则为咎，形家法家，千言万语，均不能出此情时二字之范围可知矣，大情则大结，小情则小结，结之大小系于形势，发之远近系于理气，乃一定不易之理，贪大易假，贪小力弱，总之山水无论大小，结地不拘干枝，要求其一真可矣，地脉之凝结，宛如果木，枝枝开花结果，有花有果即得矣，惟恐其无花无果，则徒然枉费矣，择地安亲，适可为止，过犹不及，中庸之道，不受庸愚所欺，不迷于富贵利禄，求其平安与合理则可矣，为地师者，亦能抱定此旨以应世，自无江湖邪说之讥矣，天地间万事万物不外一理，理通则自合，周易三百八十四爻，包含三才，亦不外一理，惟世有无理而以为理者，地之理，尚有山水形迹可见，有心人自能识之，历古以来有信之者，有辟之者，不自研究无暇讲求有以致之耳，姑听之而姑言之，哲理具在。

蔡牧堂云："向背者，山川之情性也。"夫地理之与人事不远。

人之情性不一，而向背之道可见。其向我者，必有周旋相与之意；其背我者，必有弃厌不顾之状。故审穴之法，凡宾主相对有情，龙虎抱卫，无他顾外往之态，水城抱身无斜走，堂气归聚无倾泻，毡褥铺展无陡峻，此皆气之融结，而山水之情相向也。吴公《口诀》云："但登正穴试一观，呼吸四维无不至。"其不曾下得真穴者，必细审无情。虽共山共水共明堂，共龙虎案对，只咫尺间，或高或下，或偏左，或偏右，便非正穴，自然山水不相照应。大势似有情，而细审是乖戾。故云"共山共水共来冈，磊磊排来似种姜。只有一坟能发福，来山去水尽合情"。又云："若远差一指，如隔万重山。"董公德彰云："一个山头下十坟，一坟富贵九坟贫，共山共向共流水，只看穴情真不真。"盖正穴当高而扦低，则四山高压，安得有情？正穴当低而扦高，则拥护夹照不过，安得有情？正穴当居中而扦于左右，则案山堂气皆偏，而白虎青龙失位，或撺或急，或下明堂，或压塚，安得有情？故不可有咫尺之悮，务使中正无偏，自然山水四向有情，而得其穴之的也。

青、玄、朱、白证佐之情

"青"、"玄"、"朱"、"白"，即前后左右之别名，"证佐"者，即是向证、穴证、官鬼、禽曜、朝案之类。情者，拱向有情之谓也；前后左右果有真情朝拱，则内气自真，内气真，再察其神气，果有精光融聚之致，神完气足之象，自能一葬便兴，父发子荣。如神不充，气不足，精神涣散，气色干枯者，虽有万水千山，徒劳无益也。

【白话注解】

青玄朱白即青龙、玄武、朱雀、白虎。前朱雀、后玄武、左青龙、右白虎。向证、穴证等但论形而立名。形家喝名呼穴，即讲的是龙脉在点穴时的用法。也是我们说的找些穴证。论穴证。盖真龙结穴，必有证佐。证佐明白，穴斯的矣。所谓证佐者，求之于前则朝案美，明堂正，水势聚；求之于后则乐山峙，鬼星撑；求之于左右，则龙虎有情，缠护俱夹；求之穴下，则唇毡正；求之四方，则十道全；求之界水，则分合明白。此数者，穴之证佐也。故点穴之法，必以此数者为标准。于此而精察之，宁有不得其要领者乎？

在此我们讲一下青龙白虎证穴和天心十道证穴，就明白青、玄、朱、白证佐之情。董德彰《秘诀》云："观龙虎住处，定穴之虚实；观龙虎先后，定穴之左右。龙有力则倚左，虎有力则倚右。龙虎低则避风，就明堂扦地穴；龙虎高则避压，舍明堂寻天穴。"范越凤云："龙强从龙，虎强从虎。"皆龙虎定穴之大法也。诚以龙虎为卫区亲切，穴场取以为证，亦至当不易之理。是故龙山逆水则穴依龙，虎山逆水则穴依虎。左单提则穴挨左，右单提则穴挨右。龙虎山高则穴亦高，龙虎山低则穴亦低。龙山有情穴在左，虎有情穴在右。龙虎山皆有情，不高不低，则穴居中。此皆龙虎证穴之要诀也。复有龙山欺穴，宜避其龙而依虎，虎山压冢，须避其虎而依龙。龙山先到则收龙，虎山先到则收虎，皆莫不以龙虎二山而取则焉。其有无龙虎者，则卜氏有云"无龙要水绕"。左宫无虎要水遶右畔，此不易之论也。穴依其有，不依其无。

天心十道者，前后左右四应之山也。穴法得后有盖山，前有照山，左右两畔有夹耳之山，谓之四应登对，盖照拱夹。故以此证穴，不可有一位空缺。凡真穴必有之。点穴之际，须宜详审，勿使偏脱。

顺昌縣廖副憲祖地
十道證穴格

纔有偏脱，即为失穴，吉地变为凶地。故左右夹耳之山，不可脱前，不可脱后。前后盖照之山，不可偏左，不可偏右，如十字登对为美。《琢玉集》云："发露天机真脉处，十字峰为据。"

右地在顺昌县，土名沙口下，金盘形，珠上穴，乃郭子云下也。其龙开帐，自帐中抽下，大顿小伏，左栖右闪。将及结穴，撒落平田。田中复起一突，前后左右四金相照，有合天心十道，穴甚清巧可爱，真美地也。葬后出廖元，官副宪；廖忠，为县令。科第数人，迄今荣盛不替。

察生动

生气藏蓄于内，无形可见，何以知其生气而求之？抑知生气止聚之处，其上必有动气，动气者何？即是起伏行止、生动活泼，有呼吸浮沉之情状者，是也。

经云："动则生"，盖谓此也。山以曲动开面、开口，并有精光融聚，秀嫩滋润之色者为生，粗顽硬直者为死；水以屈曲活动、旋转抱穴有情者为生，斜飞反跳形如木火者为死。寻龙寻穴，为峦头第一件要事，如舍龙穴而求砂水，必为花假者所误。今之形家多中此病，即论三元、讲水法者，只求洛书之固定方位，某水合、某水不合，并不论脚下之有气无气，并不论用法之得失，此亦堪舆家之通病，读者当细细推求。"对脉来情，水来当面"，前辈未尝不言及气与用为万物之生，皆资天之气以为始也，葬埋承此生气，即承天之生气。天至动至阳之物，其静也阴，所生物即是阴、即是静；地至静至阴之物，其动也阳，择地故贵乎动。此亦葬乘生气之一法也。

心眼指要

【白话注解】

　　看风水讲的第一步就是寻龙寻穴，然后再分析龙脉的生气阴阳，所以说看龙脉贵在看龙脉的动处，生气处。这也是葬乘生气之的一种方法。地理家一言以蔽之，则郭氏之"乘生气"三字足以尽其肯綮矣。而所以察识乘之之妙，又在明地之理以得之。故原龙之起，察生气之来也；审穴之止，知生气之聚也。生气之来，有水以导之；生气之止，有水以界之；生气之聚，有砂以卫之，无风以散之。此察识生气之来、止、聚、散无余蕴矣。上古至人，发明龙、穴、砂、水四字，无非教人察生气而乘之，及气纳骨以荫所生，此造化生生无穷之妙，皆一生气之所流行而不息也。陶公云"乘生气则生生不绝"《捉脉赋》。谢氏所谓生气之生，非对死字而言，乃生生之生"是也。夫生生之气，如谷之种，粟之芽，在天为好生，在人为心，在性为仁，在地中为生气。《经》曰："君子夺神功，改天命，祸福不旋日。"双湖谓此为全乘生气之理，故能变衰为盛，易祸为福。功在神者，夺之自我；命在天者，改之自我，祸福自应，不待终日也。赵汸字常，号东山，国初休宁人。深罪此言，以为欺天罔神，谤造化，诬生民。其言固正，第不知风水之理，乃造化生人物之妙用，必假灵于山川而后成。山川而奉天也，况人乎？至人得之，正赞化育之事，本是天地之公。赵氏认作人心之私，泥而反昧矣。

看行止

　　气不自行，有水以引之；气不自止，有水以止之；气不自聚，有砂水交会以聚之。形止气蓄，水交砂卫，再有精光融聚之致，方是真止，方是真聚；再察其四面拱向之情，再察其穴情之真假，元辰之真的，如是则真穴、真情，俱可辨认。苟能辨得穴情之真的，是真是假，到眼自然雪亮。又云："有行即有止"，行者动也，止者静也。山龙如是，水龙亦然。庄子曰："水性止，能止众止"，故水贵乎止蓄也。《天元五歌》云："山有山之止，水有水之止，若是止形皆可穴"，盖谓此也。

【白话注解】

《青囊奥语》云："第一议，要识龙身行与止。"又云，有行即有止。行者动也，止才静也。山龙如是，水龙亦然。道路之动静有别，即行止有别。然动之太甚则气行太速，不如静之止气。若静中有砂水交会，且水交砂术，则此静实非静，乃为聚气之地，倘排龙合，水不出卦，必主发财。此视城市最发财之铺，往往居于旺中带静之地即可知矣。

但行至有理气的行至也有峦头的行至，一定要明白。在此重点论龙的峦头方面行止。

紫琼云："山去水去随送去，此是龙行犹未住。山走斜飞水不停，不是真龙作穴处。"诚以龙行未止，不可寻穴，谓之行龙，又谓之过龙。《葬书》云："气以势止，而过山不可葬也。"盖龙原其所起，穴乘其所止，必须辨认龙止处，方可求穴。《青囊奥语》云："第一议，要识龙身行与止。"故凡山势奔走不停，水势峻急不环，门户不关，罗城不卫，水山不团聚，皆是龙行之处，未为止息。虽有奇形巧穴，而山水无情，亦不足论。若乃龙之真止者，则玄武顶自然尊重不动。《葬书》云"其止如尸"。下手诸山则自逆水回拦，左右随从之山则自枝枝齐止，不敢他往。朝对迢迢远来，亦并止于穴前，如拜如伏。诀云："止之中有大止者，谓诸山诸水皆无不止也。"其水必数源齐会，或汇为深潭，或折如阿房，或弯如绕带，或聚如锅底、掌心，溶注不散，无泻漏倾倒、牵拽直去之患。《葬书》云"洋洋悠悠，顾我欲留"是也。见众山咸止，诸水咸聚，是山水大会处，必有真龙融结，宜于此处寻觅真龙受穴之山。若大地止聚之处，犹必有北辰、华表、捍门、游鱼、禽曜、罗星等象列于水口。必内宽外窄，堂局广而水口狭，重重关锁，方是大地规模。若山水虽有团聚之状，而门户不关，或有关而低小，或一重远一重，一山低一山，大象似关，而实则旷阔无交锁，则亦无大融结。纵有小可结作，亦易衰败，不足取也。故审山水之止聚，于水口即可见之。盖水口关锁则内气融聚。故论龙之行止者，于水口亦得其大情焉。

因形求气、因气求神

气由形辨，舍掉形，由何以辨气之生死？气因理生，舍理，由何以见气之兴衰？故形有真伪，气可辨也；气有生死，神可辨也。又云："有气方言体"，有体而无神气者，即用得合法，断不能为福也！又云："有形自有气，有气自有形"，气依于形，形又依于气，形气两兼，有是气必有是神耳！

【白话注解】

此说形、气、神三者，以生死盛衰之辨，有气方言体，有体而无神气者，即用得合法，断不能为福也。重言峦头理气双参之义。《山洋指迷》一书上对龙脉的解释为：地之真假大小，何以辨之，先观开面之有无，便知真假之概，再观开面之多寡大小，及地步之广狭，而地之大小，亦知其概。

何谓开面？只以分、敛、仰、覆、向、背、合、割八字察之，分而不敛，仰而不覆，向而不背，合而不割者，为开面，四者之中，有一方面反，为不开面。何谓地步？只以纵、横、收、放、偏、全、聚、散八字察之，纵长横广，收小放大，局全而聚大者，地步广，纵面虽长，横面不广，收时虽小，放时不大，局偏而聚小者，就为地步狭小。

大地无形看气概，小地无势看精神。水成形山上止，山成形水中止。地运有推移，而天气从之；天运有转旋，而地气应之。天气动于上。而人为应之；人为动于下，而天气从之。此也是言立穴当先认其形神止聚之处而穴之，不可一概论也。因形求气、因气求神。今人于入首作穴处，便看窝钳乳突四字，一有此四者，便称好穴，不知形乃穴之证佐耳。至其生机真结之处，全在大势上理会。如大地之形，尝隐尝拙，何有形之巧媚动人。只于大象上察其气势，认其性情，苟得生机，便成穴法，不在拘拘于窝钳乳突之常法也。至若小地，既无气概，必须形局合度，聚气藏风。出局观之，似无气势，入局观之，却有精神，则便可于精神聚处穴之，亦可成一器局也。此管氏立穴以认形势为先，最为至要。乃论形之止宿处，又要辨支拢高下，乃不失其性情也。如平支之龙，全以水为界合而成，阳气尝胜，其势柔婉，穴当从其起处刚而乘之，所谓山上止者是也，即《葬书》支葬其疡之意。如山拢之龙阴气常胜，其势雄急，穴当从其坦处而乘之，所谓水中止者是也。谓之水中只是界水会而止处，古所云：来不来，坦中裁，住不住，坪中取。此与《葬书》拢葬其麓之意同。

体用各得

地理之道，形势为体，理气为用，故万物必先有体而后有用，所谓"体立而后用行"者，是也！且万物生生之始，未有形先有气，未有气先有理；如舍体而求用，则用无所施，舍用而求体，体无兴废。要之，察乎气，审乎势，相乎情，度乎理，观乎神，合乎时，体用各得其宜，方得体立用行之精微。

【白话注解】

打个比喻一个人现有强壮的身体，然后才能办事的用。峦头为体，理气为用。在风水上峦头，不专指星体而言，凡龙、穴、砂、水，有形势可看见者，皆峦头之内的事也，《青囊经》上说："理寓于气，气围于形"。因为理者阴阳五行之理，气者阴阳五行之气，形则山峙水流之形也，山之所以峙，水之所以流，不管阴阳五行之气怎样，而其中有道理存焉，朱熹所谓："气以成形，而理亦赋焉"者也，但是气有吉凶，不以理推之，则不可得而知之，故圣贤用说卦以明道理，用卦以推气，凡先天后天，双山四经，三合玄空，穿山透地，坐度分金，休囚旺相，气运岁时，皆理气内事也。峦头理气，二者孰重。峦头真理气自验，峦头假理气难凭。故理气不合，而峦头真者，虽有瑕疵，不因为理气不合而不发富贵，理气合而峦头假者，定不因为合理气而发福禄，是因为峦头为理气之本也，明此矣，学者必须待峦头精熟，地之真假大小，穴之吞吐浮沉，卓然有见于胸，然后再讲求理气，就会明白乘气立向，控制消砂纳水，看岁运可用不可用。所以说有体方言用，光有用则失其体。

地有吉气，土随而起

有土自有气，有气自有土，此乃阴阳自然之理也。此节专辨吉土，即辨气土、晕土、骨土、五色土之类，非辨泛泛之土也。有吉土自有真气，有真气自有吉土，气与土相连，未闻有土而无气者也。凡到形止气蓄之处，自有真气结聚于其间，真气结聚，自然高于两旁，两旁自有低田低地为界，贴身有界，中间自然高起，故曰"土随而起"。此所云起者，是言吉土之起，非言凡土之起也，凿穴求土者宜细察之。

山龙平冈之起伏，有墩有泡、有脊有背有面、有凹有凸，其高低易见；平洋高一寸低一寸，实属难看，更宜细察。来龙活动，到头脱尽，自有吉土，或开钳口，或到头有大小八字分开，顽气卸于两傍。亦有真土穴形，故取窝钳为上也。

【白话注解】

《葬经》书说：地有吉气，土随龙起。地有止气，水随而止。势随形动，回复终始。法葬其中，永吉无凶。支龙因为深伏，所以要在它的顶部下葬。垄龙因为高露，所以要在山麓下葬。选择支龙到龙首，选择垄龙到龙足。龙脉真，穴土自然好。

但山龙平阳洋龙是有异同的。在此引用《山洋指迷》山洋异同篇供大家参考。

高山之法可通于平地，既晓高山平洋不难，果尽同乎？曰：有同者，有异者，有大同小异者，盖山洋俱有祖宗枝干，帐峡缠护，行龙俱有两水夹送，结穴俱的圆唇界合，龙虎明堂，下砂水口，向背聚散，此则同也，高山见火嘴则气绝而不行，（山龙跌断而尖利者为死龙，为煞，故曰气绝不行。）平地见火嘴则龙行而穴近，（平地火嘴有束气之形，行龙束气细小则穴近平洋，有脊脉脉者可证其来历，若无情处唯有火尖之体不以此论。）高山患纯阴包煞，来洋患纯阳散漫，（此指无阴阳变化者言。）高山以砂势分合，寻龙得砂势包收，虽水不交会，斩腰截气亦可葬也！（山龙行度处得砂势包收，自有界合故不必明水交会，亦可以斩腰截气而扦。）平洋以水势分合寻龙，非四水交会，（详水绕脊脉篇）砂势兜收，展翼游鳞难以作穴，（四水不变则气何能聚，虽两边分砂如鸟之展翼，鱼之开翅，此送龙砂体无止结真情。）此平地与高山之异也，（此节言山洋行龙之异。）

　　高山以起伏为势，而收放亦显，平地以收放为势，而起伏甚微，高山起伏虚设处，多平洋收放，虚设处少，高山节节分枝，结咽而不成穴者十之六七，平地或数里或里许，分枝结咽而成穴者十有六七，（高山起伏多，故分枝结张亦多，结地少者，砂势环聚处少也，平洋收放少故分枝结咽亦少，结穴多者平洋有束气即有真结也，此言山洋分枝束气结穴之不同。）

　　高山阴多故取阳坦为穴，然传变纯阳又当散中求聚而取突，平地阳多故取平中一突，然传变纯阴，又当以阴取阳而寻窝，（此论阴阳形体。）高山性刚济之以柔，故曰：垅葬其麓，传变为柔又当济之以刚，葬巅之法可用平地性柔，济之以刚，故曰：支葬其巅，传变为急，又当济之以缓，葬麓之法可施，（此论刚柔变通。）高山承脉就脉而葬，平地有脊者亦宜坐高承气，平地穴居中则气聚，（此指平地之窟唇吐口外，及金盘形之穴法言，详见龙体穴形篇。）高山穴形，俯者亦宜居中，（山形俯者穴在低处，居中者脐厴之中，此言承气。）高山以簿为生，变为纯阳又以厚为生，平地以厚为生，变为纯阴则又以簿为生，（此节言兼取统论山洋穴法异同。）

　　高山忌风吹，平洋无身分合，（即是不开口。）亦忌风吹，平洋嫌水刼，高山跌断处无痕影分水亦嫌水刼，高山喜回龙逆结，下砂紧抱，水绕玄武而贴身穴，无小水缠绕，见水之去者则忌，（山龙逆结下砂紧抱，大水在下砂，水缠玄武而去，其贴身自有界穴之水，入首处必有束气界脉干流，平洋逆结亦然，而大水即在穴旁，缠玄武而去者，内无界穴小水，复无束气俱不成地，故坐低田低地与池浜者，穴后小水均宜绕至穴前左右会合而去，方合坐穴之法。）高山穴前，水聚天心者贵，平洋向低，水聚天心而有重砂包裹者亦贵，（平洋忌向低者，穴前水不聚也，得水聚天心更有重砂包裹最吉，此言山洋分合水及水缠穴后、水聚穴前异同。）高山以动为生，平地以圆为活，（山静宜动，凡小来忽大，曲来忽直，直来忽转面，平来忽吐唇，峻来忽平坦，速来忽圆静，皆天然生动之气，圆者动之机活者气之见，穴前之唇，穴后之唇，穴旁之腮与穴外之砂皆有圆转之情，亦是生气，山洋皆然，至平洋或坐水，或扳水或倚于左右，均宜视砂水圆活之处。）高山傍砂点穴，平洋依水寻龙，（此就山洋显现者言，然平洋立穴未尝不配砂，高山寻龙未尝不依水也。）此高山平地同中有异，异中有同也！

势来之止

势来，是言山形，气势从高而下，有顿有跌，有起有伏，旋绕曲动，及前后左右诸山都有拱向之真情；形止，是言山形水势，到结穴处自有止蓄之情形，主山自有统摄周围之势，砂水自有主宾相朝相顾之情。或起顶腰落，或开面中曲，有优游自然之情状者，方是真来，方是真止。又云："来，是言穴后来龙来脉之形势；止，是言穴情砂水之止不止也"。形者，气之宅也；气者，形之主也；神者，形气之精神也。形以气为生，气以神为活，如舍神气而求形者，眼法之真诠何曾梦见耶。

【白话注解】

龙势来止处在表面有三种落脉形式，龙之落局，融结不一。而其大要有三：有初落，有中落，有末落。

心眼指要

初落龙

初落龙者，自祖山发下，离祖不远即结顶，降势过脉，起星结穴开局。朝山耸前，托山列后，或祖山作乐作障，而龙虎护卫，明堂融聚，下手重重，水口周密，四山团拥，骨肉一家，亦为真结。但以其离祖未远，故名初落。

中落龙

中落者，自祖山发下，去祖已远，迢迢而来，大顿小伏，中间忽起高山以为少祖。自少祖下，或六七节，或十数节，再起星辰结顶，降势过脉，落局束咽融结。其大龙犹自作势远去，而分行却在少祖之前。此处特一关局，未为大尽，故名中落。朝迎山则拜于前，护从山则障于后。其分去之山，回作我用，或为下手，为水口，为关拦，为托乐，为城郭，为关锁。杨公云："大地皆从腰里落，回转余枝作城郭。"

末落龙

末落者，自祖山发下，迢迢行度，一起一伏，奔东走西，离祖极远。山势将尽，前去或临大江大河，或临大溪大湖，或临田坂小涧，山脉已尽，再无去处。而于将尽未尽之际，顿起高山以为少祖。自少祖而下，或数节即结顶，降势束气，结咽成穴。或据江湖，或据溪涧，或下山一臂横拦，或翻身逆张大局，而有隔水外洋朝拱。或脱落平洋，藏迹隐踪，如蜘蛛坠楼，流星度汉，抛球闪迹，铺毡仰掌，金盘金盆而作平地之穴矣。隔江隔河，远山朝应。凡此皆规模宏大，局势广阔，三阳六建，莫不具备，必结穴之外有余气，方是大龙末落之穴也。

浅深得宜

地气高厚，土色明亮，左右界水贴切而兼深蓄者，宜深；如界割不甚清楚，再兼地气平薄者，宜浅。当开凿金井之时，必须视其土色何如，方可定其深浅，如此自无过浅过深之患矣。如土色坚细滋润而有光彩者，宜深；深亦不可过深，过深日久自有潮湿之患。过浅，藏棺于粗松浮土之中，则干枯虫蚁之患势所不免，须藏棺于恰好处为妥。除去浮土，开见吉土，深有二三尺或一二尺不等，将棺藏于吉土之内，不浮不沉、不深不浅，斯为得之。夫藏棺于吉土之中，自然干暖，自无潮湿虫蚁之患，棺椁自能悠久，子孙自能昌盛；且择地本非为子孙计，本为祖宗欲免潮湿风水虫蚁之患耳。

又云"深浅得宜，地理足矣"，诚哉，是言也；平洋培土安坟，不过避潮湿以及水浸棺椁。水浸棺椁，退财伤丁，势所不免；即用得合法，亦不能为福，故以培土为先也。平阳有龙、有气并有吉土者，深可一二尺不等；如气薄者，开见黄土即止，将棺安于黄土之上；极低之处，培土二三尺，然后放棺，深则恐有潮湿之患。棺之外宜用石灰与好土打结，以避客水之患。即罗城拦土，亦要内高外低，使水易去；切不可内低外高，使水蓄于穴中。每见今之拦土，用砖石高砌，有四五尺者、有七八尺者，高于冢墩，徒取石之好看，不顾水之去不去。此谓之拦水，非拦土也。

【白话注解】

深浅得宜，地理足矣。今人墓葬皆任坟场摆布，工人开掘，深浅千篇一律，不论浮土实土，更不论视察土色、土晕、土骨矣。有气有土，此地自暖，暖则地气上升，稍有潮湿，日久自干。无土无气则寒，寒则地气不能上升，潮湿自来，此亦阳升阴降自然之理也。

穴法的深浅说法不一，但我觉得《山洋指迷》上说的最为精粹，现摘录如下：

作穴浅深之法，有以两边界水定者，有以穴前小明堂定者，有以一合水定者，窝钳穴无贴身一合水。以两边二合水定者，从来议论不一，但两旁界水之浅深（即二合水），与一合水之浅深，相去悬殊，一合水之浅深，与小明堂之浅深，相去亦悬殊（一合水从穴晕两旁分下小明堂，即穴前一合水聚处，故二者深浅不同），且穴旁痕影水（即一合水）浅者止一二尺，葬穴不就、应如是之浅，或两旁溪沟成界，深者数丈，葬穴不应如是之深，即二合水合于圆唇之下，形俯者，或有数丈高低，葬穴亦不应如是之深，然则何以定之，惟小明堂之深浅，与穴高低相等，似可以此其定浮沉，然每因为之过浅，则有风吹蚁入之患（风吹则气散土影，故出蚁入之），过深则有水湿黑烂之虞（阴来阳受脉缓者，气浮，阳来阴受脉急者，气沉，况气浮宜浅，气沉宜深，浮沉得宜，全在深浅恰中，为则过深过浅，则气不蓄，即为腐骨之藏，古云：穴吉葬凶者，亦兼乘平浮沉深浅而言也）。况小明堂上下任人指点，增卑损益随意可更，其深浅亦无足据，惟金银炉之浅深，与小明堂界水之浅深（此界水指一合水言），常自相符，宜以小明堂界水浅深尺寸为准则，多留真土托棺，不得凿至炉底，每掘出小孔探之，将到炉底而止，真土者坚而不浮，韧而不硬，干而不枯，润而不湿，明彩而不昏暗，即生气土也，炉底土，比真土稍淡，稍昏，稍干，稍湿，稍粗，稍变，不必过硬，方为炉底。有等真土厚者，比小明堂更深数丈，若因为土美深掘，过于小明堂，必有水湿之患（掘弃炉底穴深水入），故必须以小明堂为准，多留真土，托棺为是（地学云：穴之浅深，为葬法牧功一大着，如形粗势大皮厚肉肥者，宜深）。

山小势微皮嫩肉肥者，宜浅。此可预定，若求真土，必凿而后见，不可预定。凡开穴先去浮沙浮石，真土有范围有盖底，或稍粗土为之范围，盖底之中方是精粹之土。太极之晕，有范围狭小不足容棺止堪容棺者，亦天生自然，不容勉强，顺勿打破外晕，晕有晕心多是碗人自土将透底乃见，见此即止，真土皮浅者，打下数尺见土变粗，或土尽见砂，见石急下真土作底三五寸，然后放棺可浮土外，取好土和灰坚固，则客水自消，不可掘穿炉底，术家以九星五星量浅深某山间当深几丈，其说若妄，即量界水则浅深亦未必尽符，动手方知也。

风水名家蔡西山在《发微论》上用八卦方法定深浅的描述也很精辟，但在现在看来不是太有用，但作为一代名家的思想还是收录进来供大家参考。

其次又当定浅深。浅深者言乎其准的也。夫浅深得乘，风水自成。故下地者必以浅深为准的。宜浅而下深则气从上过，宜深而下浅则气从下过，中得其地而效不应者为此故也。吾常以八卦定浅深，颇得其要。大概先观来脉之阴阳，次看四山之从佐。且如来脉入首强、作穴凹、出口尖，此皆脉浮而属阳也。以乾卦当之。来脉入首弱、作穴凹、出口圆，此皆脉沉而属阴。以坤卦当之。乾纯阳也，取阴为穴，故立穴取巽三、兑三、离三三阴也。坤纯阴也，取阳为穴，故立穴取艮三、坎三、震三三阳也。凡脉阳，四山高于本身，兑象也，上化为阴，穴宜浅。四山与本身齐，离之象也，中化为阴，穴宜不浅不深。四山低于本身，巽之象也，下化为阴，穴宜深。凡脉阴，四山高于本身，艮之象也，上化为阳，穴宜浅。四山本身齐，坎之象也，中化为阳，穴宜不浅不深。四山低于本身，震之象也，下化为阳，穴宜深。概而言之，阳脉浮当浅，阴脉沉当深。详而言之，阴脉中有亦浅深，以四山从佐不同，则阴有时而变阳，阳有时而变阴，斯言也，惟通变者可以审此。可不审哉。

土高水深

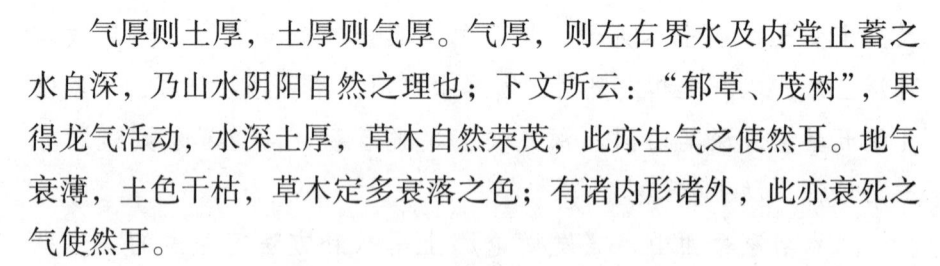

气厚则土厚，土厚则气厚。气厚，则左右界水及内堂止蓄之水自深，乃山水阴阳自然之理也；下文所云："郁草、茂树"，果得龙气活动，水深土厚，草木自然荣茂，此亦生气之使然耳。地气衰薄，土色干枯，草木定多衰落之色；有诸内形诸外，此亦衰死之气使然耳。

地之硬者，虽有善种，不能生物。又云"土敝，则草木不长"；种植，尚求吉土，何况安坟，关系子孙休咎乎！

【白话注解】

看地与看植物无异，不过命名之不同耳，植物之根，即地之来脉来龙也。其开花结果之所即穴也。乃即形止气蓄之所，其左右分枝，即所谓砂也，干为主而枝为客，干名龙而枝称砂，花果之向上而长者即向也。惟水则或左或右，原无一定，花果枝叶之赖以生化者，重在根干也。赖以保护者，在乎左右之枝，得以滋润者，赖在雨露之水，其成份之大小多寡！务以根干花果之大小强弱为断，润泽适宜，则滋长必繁，如或太过不及，则虽有花果，而成熟有异矣，地理之论龙穴砂水向者，其义亦与此相符，曰龙贵阴者，阴则脉气强盛有力，穴贵阳老，阴来化阳也。阳则气和有济，元武要垂头者，认面别背之分辨法也，砂贵揖水贵朝者，顾我有情无情之分也。其他如后山鬼撑，砂外曜气，以及案内案外官星贵人等等诸说，乃辨本身龙力之大小强弱之分也。与植物之大小强弱，形同一理，平洋依水为龙者，龙非水也。来气来脉为龙也。水有情则砂自有意，一为立体，一为眠体，所分者不过如是耳，用法之或重脉气或重水势，则与山地无二也，得诀传眼者，自能分别用之矣。

土厚则气厚，是山水阴阳自然之理也。地有好坏，风水师有地理五不葬。

1. 童山土色焦枯，草木不生，山岭光秃之山。风水家谓山色光润，草木茂盛者，阴阳冲和，生气发生之征。今脉渴乃土枯，故其童山，是无生气之地，故不可葬。

2. 断山非言星峰剥换跌断，而指山势横断。生气以土脉而行，脉势一断，则生气隔绝，故不可葬。

3. 石山不可葬者，非谓山不可有石，乃言结穴之地，不可挽岩峥嵘，怪石突怒。盖顽恶之石山，为地之恶气所生，其处多恶煞，故不可葬。但得有石之山，体质嫩脆，文理温润，颜色鲜明，则葬之亦吉。

4. 过山谓其势未止，滔滔而去，挽之不住者，结穴之地，当求势来形止，方为全气，今势未止如过客，则生气无融结，故不可葬。

5. 独山者，行龙孤独，无缠护拱持，城郭不完，山水不会，单山独龙，四顾不应，此等山形，只可安寺立庙，若为坟茔，主子嗣零落。

细察气色

生气，即生动活泼之气。善察气色者，看其形之动静，即可卜其气之兴衰；察其气色之荣枯，即可知其气之生死。动气，是由生

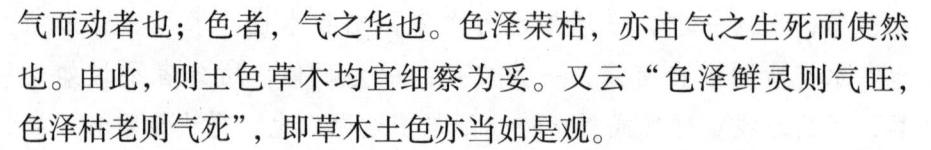

气而动者也；色者，气之华也。色泽荣枯，亦由气之生死而使然也。由此，则土色草木均宜细察为妥。又云"色泽鲜灵则气旺，色泽枯老则气死"，即草木土色亦当如是观。

山有坐眠立三体，并有喜怒之形象。如破碎、巉岩、粗顽、硬直，石性杂乱，土色干枯，草木稀少，种种都是怒形，山背山脚每多如是。如峰峦挺拔，秀丽尊严，开面向穴，屈曲活动，并有滋润之色者，即草木亦有郁郁葱葱之象，种种都是山之喜气，必多结作，此亦寻龙寻穴之快捷方式也。地之生死全在乎神气有无而辨也，然气之有无易见，神之生死难看；大凡非神，无以主宰气脉，保合太和。流行上下，仰承天气，华元化曰："神者，气血之先也"，气血之先，非神而何？然则气依于神，神又依乎气者也。

【白话注解】

动气是由生气而动，色泽荣枯也是由由气之生死而决定。地师若有修养，非酒色财气之徒，则可一望而知地之气。再证之以罗盘方位，细按排龙，往往可得十之六七。色泽鲜灵则气旺，色泽枯老即气死。此乃形而下之观察。山有坐眠立三体，并有喜怒之形象。如破碎、威严、粗顽、硬直，石性杂乱，土色干枯，草木稀少，种种都是怒形。山背山脚每多如是。如峰峦拨挺，秀丽尊严，开面向穴，屈曲活动，这些都属于形的范畴。然则气依于神，神又依乎气者也，阳二宅皆同。

土贵有枝

山龙之干枝犹木之干枝，老本为干，嫩枝为枝。

大凡老干行龙，情性坚刚，土老石粗，结穴最少；犹木之开花结果，多结于嫩枝，少结于老干。夫枝龙即是干龙分下傍枝傍脉之类，并有干中干、枝中枝、枝中干、干中枝之别。此云土贵有枝者，是言正干行龙，愈分而愈妙也。既识其分，再识其止，枝龙止蓄之处，即是真气真穴所钟之地，真穴所钟，水必聚于此，此亦山水阴阳自然之妙也。枝者，分也，不分则粗顽之气不能脱尽，故以分为贵也；脱卸愈多，顽气愈尽，龙力愈壮，土色愈美。即水龙亦贵有枝，枝者，分浜分枝之谓也。枝浜愈多，龙愈生动，土色愈佳，气愈活泼，所谓分尽之分者，此也。

【白话注解】

龙有枝干，更有枝干，现就枝干枝干在做一分析：

龙以枝干名者，以木喻也，木自根达于巅曰：干。旁出曰：枝。干复分者为小干，枝复分者为小枝。大枝即枝中干，小枝即枝中枝，故有大干小干，大枝小枝之别。古人定枝干法有四：有以水源长短定者，如大江大河，夹送龙身者为干龙；小溪小涧，夹送者为枝龙，或一边大水，一边匝水，或一边小水，一边大水，夹送者亦为枝龙。有以云雾定者，如高峰大嶂，其巅常有云雾者，为干龙，低小而无云雾者，为枝龙。有以星峰有无定者，如浑厚博大，不起星峰者，为干龙，秀岭顿跌星峰多者为枝龙。有以峡中人迹多少定者，如干龙数千里而来，断处多系省郡通衢，峡中人迹繁多，枝龙数里一断，断处为乡村小径，人迹稀少是也。

予定枝干亦有二法：一以峡中所到两边大界水定之，大干龙峡中所到大界水，必数百里而来，小干龙数十里，小枝则里许而已。又以太祖分龙处细审落脉，正干必纵横自如，不顾他人，旁枝必环抱护从，面面相向。枝干之分，二法亦可尽之矣。

然枝干不可以长短论，有枝长而干反短者，盖干龙每从腰落，而旁龙前奔数十里，以作护卫，若不以地步广狭，开面多寡大小辨之，何以别其重轻，分其主从乎。但干龙结穴，有脱嫩而结，亦有不脱嫩而结，其正副嫡支，又混于众枝之中，似难分别，惟以节节开面，纵横收放自如，护从环向多者，为正干龙，分枝挂枝，亦看大小不同，仍以护从多、地步广者为优。又如分枝正落共一龙身，欲识其轻重，亦以此法定之。

　　龙身老嫩，以木喻最肖，盖高山穷谷之中，万山于此起祖，众水于此发源，龙橡者而不结地，如木之根本处无花无果也，迨其行行渐远，至半洋半谷之间，一边大水尚行，一边小水已合，龙身渐嫩，而地亦渐结，如木之分枝处，渐有花果也，其分枝有老嫩不同，轻重不一，只以开面大小，地步广狭衡之。迨行愈行愈远，至大河大江大湖大海之际，万水于此同归，正龙于此大尽，其将尽未尽之间，乃龙最嫩极旺处，结作多而力量大，如木之正干正枝，花果极盛也。盖老山起祖开面方始，未始脱卸，水初发源，少有会合，即有分出嫩枝，力量微薄，及行至半腰，开面渐多，脱卸渐净，有小水可收，渐能结地。若大龙将尽未尽之间，历数百十之帐峡，经千百十之开面，脱卸极净，诸水皆聚，各开好面结地，所谓枝枝结果，节节开花也。但结地处仍以砂水多者为胜，是以山谷之间，必有数十里来龙数十节开面，台屏帐盖，缠护多而地步广者，方结大地。若大龙将尽未尽之处，只有里许，龙身数节开面，或一二节开面，有一二座台屏盖帐者，亦成大地，是一节胜彼百节，小面胜彼大面，一股缠山，胜彼数重关锁，小山砥柱中流，胜彼数重大山，塞居水口也。

　　至于枝龙出洋尽处，与干龙结正穴后之余气，虽与山谷间之例有别，若本身不开面出脉，而无穴情者，不可以为脱卸已尽，寸寸是玉而插之。然山谷龙身，节节开面，跌断多者，亦曰：嫩。出洋星体不开面，或偶有开面而无跌断者，亦曰：老（平洋特起高大粗蠢，出开面而无出脉者，系他山用神，如北辰洋门之类是也）。故山谷亦有大贵地，出洋尽多下贱龙也。有等大龙行度，倏变为低小星辰，开面而起伏，而出嫩枝，不数里忽变为高大粗蠢，不开面起伏，而成老山，及至数十里，又变为老嫩，嫩又变为老者，总之，老处分结少，嫩处分结多，老处分结，非数十节不能成地，嫩处分结，数节便成良地。

枝龙结地，秀气所钟，比较尊贵，举例如休宁陈尚书祖地。

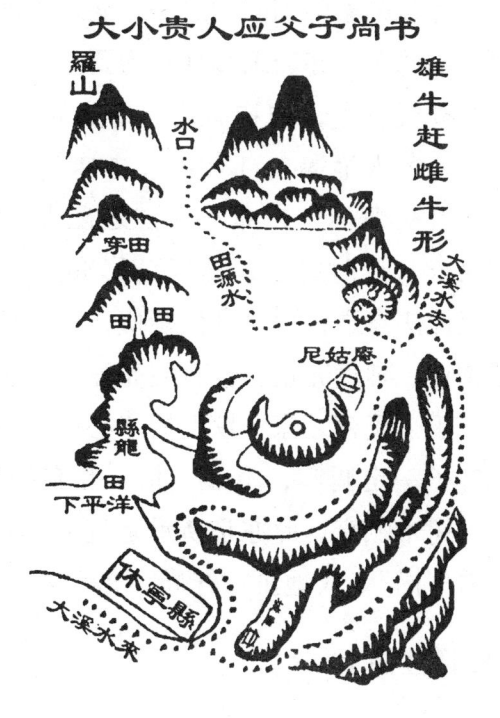

地在承天府东北。其龙发于大洪山，旺气融结为府龙大干。又分注到此，入首横列大帐，帐中抽出嫩条。廖氏谓之垂头紫气，清秀颖异。大凡木星，不下当头。此地左右两穴，虚中，正合倚杖葬法。张子微谓之天鼻穴。左右龙虎回抱，内外明堂环聚。近有玉带砂关收内气，远有三台峰献秀，外洋北湖宽畅，汉水盘旋，四势和平，三阳具足，龙旺穴奇，藏风得水，真美地也。曾氏曾祖指挥公始葬其地，继葬其祖知县东庄公。今阳白公父子进士。

休宁陈尚书祖地

辨神气色泽

诸书言龙言气，言之详且尽矣，未曾道及神气色泽。

夫气者里也，神色者气之表也，表在外而易见，气在内而难知。今因神色易见，即以易见之神色而推测难见之气，即以神色之荣枯以卜气之有无生死，古人所谓"因形求气，因气求神"者，此也。

此犹医家望闻问切之法。病之生死、安危、久暂，都以神色辨也；择地者，亦当细参神气为要。

神气色泽，物物有之，即古董字画亦以神气色泽辨真假也；如宋元名人笔墨，自有名人之神气，即本朝南田之花卉，用笔用墨另有一般神气，即八大窑之磁器，精光神色比凡窑自然各别，即汉玉与近时之玉，神气精彩亦属大相悬绝。辨地之神气生死，尝以此法参之；地之真假疑似，可一望而知矣！神也者，神完气足之谓也；神气充足，自有明亮光彩、滋润之神色见焉。

丁财茂盛之家，坟上树木必茂，土必滋润；子孙衰落之家，树木叶子一定凋零，土必干枯。并有初葬合法，树木极盛，合葬失时，树木顿衰。此亦是所承之气使然耳。又云，"小地看精神，大地看气局"。大地虽重气局，亦不离乎精神耳。

【白话注解】

看地时，形气最易见，但说到神是最难言传的，作者的比喻古董、瓷器、字画等都不如以人来比喻，就像一个人的外貌都固定了，但是这个人的气质不同凡响不是用言语能表达出来的，需要亲眼所见，才知道所以然的，神气色泽都是一个道理。这也暗合做这一出的心眼指要精髓。

考真假

土色佳美，神气充足，形止气蓄，水交砂卫，即前后左右来山来水，处处拱向有情，还要细察立穴、定向之得不得耳。古人云"地无大小，一真便发"；又云"地无吉凶，葬法得则吉，失则凶"，故以得穴得用为最要也。

【白话注解】

地理讲究的是一真便发，真者，地有神气，龙合山，水合向，安星又得用，外向六事趋避布置皆合安星，如此即得其真，阴阳宅都可发富贵。

地理名篇《雪心赋》论龙穴真假，在峦头方面写得也很精粹，先把他白话翻译出来现录如下：

若见结穴处（土牛）隐伏，定知水缠也是山缠。龙脉或如鸥鸟有浮有沉，脉好自然穴好。

穴贵得水，然水外又贵四山拱会，周密藏风，否则空缺，不能聚气。平洋之地，脉脊微露如珠如星，是地之吉气涌凸，此平中起突，多成大地。

仔细寻看朝山有情无情对照分明；穴要左右回环交固；明堂宽阔无物拦遮，理合辨于四周有围；水乱无情，义合求于环聚有情。

龙脉以活动从容为生。若生脉入首不结穴，是当生不生，此必是左右无从无送，势孤援寡。龙脉以孤单急硬为死。若其离祖不远，气尚厚，是子弱母强，而作气不尽丧，故称见死不死。

鹤膝为龙脉的中间大两头小处，蜂腰为龙脉中间细而欲断处。鬼劫为脉之枝擘，枝擘短小者为鬼，多长者为劫。鹤膝蜂腰本是结局之龙，但恐鬼劫散乱来去未定，而吉穴不能成也。蛛丝马迹似无神龙落泊，故龙脉难明。高低仿佛，绕抱依稀。

我所求的大欲望，无非是逆水之龙。使我心大快乐的，是得逆水抱身的案山。穴前小山累累叠叠如蜂蚁之屯，只要圆净低回的。青龙蟠卧有情，白虎降伏而不惊，不拘其远近大小。

心眼指要

　　龙脉到头已尽处须防气也到头已绝，地低卑处切忌有泉水流。有来则有止，止则或孤单，须求左右前后有护托。

　　单阴或单阳为一，有阴有阳为两。单阴单阳不能生物，必有阴阳结合才能生物。有雌有雄，有贵有贱。其或雌雄交度，若得山不得水，则为失度。倘如青龙白虎护穴胎，不过穴则为漏胎。

　　可喜者，青龙白虎身上又生山蜂。可恶者，泥水地边还寻穴。龙脉出身处，要列屏列嶂以护龙。结穴处，要带褥带裀，有此说明穴有余气，人丁兴旺。

　　见者为显，不见者为隐，相向者为亲，相背者为疏。不论显隐，皆要相向不要相背。要圆正之砂，不要破碎之砂。砂形如犀角虎牙，主狱讼为诉告之星。砂形端圆如丽珠玉几，是进贡献陈之象为吉。

　　水底之穴，必是脉雄气盛，忽遇横水迫界气沉而成。石间之穴，必是来龙顿挫，土石互相博换而成。水底必须道眼才能看得出，石间贵有明师才能辨认。岂知地理自有神灵主持，谁人知道桑田能变海？

辩得失

得穴得用，并得补救，是为之"得"，如果得用不得体，得体不得用，均谓之"失"。即体用具得，位置稍不得其当者，亦谓之失也。

【白话注解】

章仲山大师在这里把龙穴的得失讲解的真是太清楚了，实际也反过来讲了做穴地一定要体用具得，这也是作者在讲求的"心眼"配合的风水精髓。

葬字可作三部份分析，上为草，中为尸，下为土，经云葬者乘生气也。草为生气之现于面者，土为地脉之本质，气脉之厚薄，土质可以分辨，葬得生气之所，则遗体不朽，书云龙贵阴，穴贵阳，阴则土质有力。阳则生气中和，地理先看金龙动不动，即看生气之动不动也。动则生，不动则死，万物皆然，不过看地之生死，非看动物活动之为动为生，乃有勃勃然生动之气象为生也。犹相家之看人骨格，与看神色为动为生也。表既现有生动之象，如草之然，其内气之生动也无疑矣，乘此生动之气脉，世有用尸体与骨灰者，物质也似已变异，气感上则仍一而无二，气与情，地与灵，不因物质上之变异，而其情气，减其感应，骨亦物，灰亦物，于情不变，于气仍感，感不感由于情，验不验亦由于情，情变则气变矣，气既变，于人亦无验。

地理之原道，惟其如此，证之于世道人心，更为明显，葬之云乎哉。

地理之作法多矣，不特形势而然，尤以理气为最，三合三元，

心眼指要

辅星拨砂，种种用法，不胜枚举，以地原理言之，万难归纲，以人事言之，可称适合，理姑不谈，安亲则一也。地理天理性理，自有各个人之造化存焉，世惟地理不能普及，生则居厦屋，死则归壤土，人人需三尺之土，人人有父母，人人为后人之父母，人人有孝亲慈幼之志，若人人欲得福地，一切人事多端，咸归纳之于地理者，福地无如是之多，天理有不彰之处；杂说愈多，安心愈易，因果愈明，一定之理也。以学理言，则另当别论，论是辨非，非为其人，实为其天，世有以研究学术为从人情偏见上着意者，辨乎人，未明乎天也。自然之事，有自然之理，即有自然之学识以辨之，地有情，天有理，人有道，合乎三不之道而行之，于地理阴阳，思过半矣。

审向背

水之外即是砂，砂之内即是水；水向即砂向，砂向即水向，乃砂水阴阳自然之势也。又云"向背在乎性情，性情向乃为真向"。

【白话注解】

水之外即是砂，砂之内即是水；水向即砂向，砂向即水向。

乃砂水阴阳自然之势也。又云，向背在乎情性，情性向乃为其向。水砂同向，此即是要诀。即现代城市亦然，楼厦排列走势，何当不与道路同向耶。然此并非说楼厦必为道路之砂。

何谓向背？

蔡氏曰："向背者，言乎其性情也"。予谓无向背，则不见性情，无菱角，则不显背面。菱者，分开大八字，有弦菱也（大八字之边弦有菱微起）；角者，明肩护带之稍如月角也，如于臂鹅毛之侧起外背内面而相向，为有菱角，内背外面而相背，为无菱角，或如手臂鹅毛之覆与仰，而不向不背，亦为无菱角，外背内面而有菱角者，抱来固为向，豁开亦为向，如莲花半开时，固向其心，至谢时而花瓣垂下，亦未尝不向其心。内背外面，与无菱角背面者豁开，固为背，抱来亦为背。如邻菜之叶，与我菜心相远，固是背我，即盖过我菜心之上，亦是背我。

蔡氏曰："观形貌者，得其伪，观性情者得其真"。原其向背之故，只在分之真假辨之，观花瓣菜叶，无一片不向其心，则可通其说矣。花瓣菜叶之必抱向其心者，以其从根蒂分出，自相护卫也，不然，则必有参在之势，分立之形，何能片片外背内面而相向乎。是以知真分者，护卫自己，故向而不背。假分者羽翼他人，故背而不向，或虽不羽翼他人，亦不护自己，而为闲散之

护砂向背图

砂，故无向无背也。夫花与华之生气不可见，观花瓣菜叶之相向，而知其生气在于心。地之生气不可见，观大小八字之相向，而知其生气在于内。语云："下砂不转莫寻龙"。其即向字之谓乎。但上砂向易，下砂向难，得下砂向，则上砂不患不向，必有地矣（下砂逆转定有真结，其上砂自然相向，若上砂向而下砂不向者，非真穴也），此一语，岂非寻地捷法乎？今人不识转字，即是向字背来驼我者，误认为转，无背无面而生转抱来者（砂脚向外砂体曲处似向内抱也），亦认为转，观形貌而不察性情，乌能得之（以上论明肩护带兼及上下砂，总以分之真假别其向背）。

至于六龙方行而未止之处，只一重下砂，真面向里，亦未足恃，杨公所谓

后鬼逆抱护穴

"缠龙尚观叠数，一重恐是叶交互，三重五重抱回来，方是真龙腰上做"也（此论龙身行度）。他如朝托侍卫，及水口砂星辰之向背，则与此稍异，亦以分大小八字，腰软而肚不饱，外背内面者为向，无大小八字，肚饱而腰不软，内背外面者为背，即非背来对外驼我，无正面之真情向内者，亦为背。此皆不关地之真假，但减龙之福力（此论护卫开销星辰）。

若后龙星辰之大小八字不相向，或有一边向人者，为假龙。穴山之大小八字不相向，或有一边向人者，为假穴。后龙之大小八字相向，而两边送从缠护砂，有一边不向者，虽是龙必非正龙。两边之送从缠护皆向，而穴山之大小八字，有一边不向者，虽有穴必在他处。穴山大小八字，两边送从缠护皆向，而朝山不开面

相向者，必是枝龙，而非正干。水口山不转面向里者，必是借用而减福力（水口山有不向内者，穴中不见亦可。此论龙穴缠护兼及朝案水口山）。

祖山分龙，两边岗阜向多者，龙旺横龙降脉，背后孝顺鬼逆抱穴者真（此论分龙处之护砂兼及横龙后鬼），入穴见向，而远观似背者，非龙，远观似向，而入穴见背者，非穴，外不豫背，而内有菱角相向者，可弃，不向左，不向右，而节节鹅毛跷，再得左右砂相向，虽旁观亦可取裁。或向左，或向右，而形如侧手臂，右左砂更有一边背我，并本身亦为砂体，本身龙虎向面外层皆向者，地大。外层不向，而本身龙虎向者，地小（此论体认内外远近之向背，分别龙穴之真伪大小）。

有等龙虎气旺，曜气飞扬，自本身龙虎一向之外，即飞扬而去，得总缠护水口山，面面相向，而抱住其飞扬之砂者，反为大地。此当求之寻常识见之外，然亦当观其祖龙如何，若祖龙行度节节开面，而分龙出帐过峡之处，两边迎送缠护，叠叠相同者方可（此论曜气）。

又有一等龙身于始分再抽之际，两边护从岗阜，向者甚多，至总穴处，但得水缠，并无护从，只有一股阴砂，仅堪蔽敌穴，亦为大地（有水环绕不嫌护砂微薄），故向背之本，在分龙作祖之处，穿帐过峡之时，而到头之向背，特其标耳（此论结穴护砂单薄，盖指出洋旺龙而言若山谷结地应以到头真向多者为贵）。

又有一等旺龙，技技结果，节节开花，一局之中结数地，数里之中结数十地，其砂必各自顾穴，何能层层向我而不背（多有成鱼尾砂，作两边之护卫）。只好论其本身之枝叶，不顾人而向自己，有星面穴面，便是美地。其外层皆自去顾穴，何能向我，只要借用得着，凑拍得来，象个局而不斜窜压射便佳。亦仍以真向多者为胜（此论旺龙结穴）。

又有一种怪穴，后龙之开面垂头，临穴之结脐吐气甚真（结脐，详乳突窝钳篇），而龙虎状貌，反背而去（指曜气飞扬）。以常见论之，何能成地，及细察之，其反去之处，有隐隐隐褶纹抱进，或层层石纹裹转者，亦成真穴。如反肘粘高骨、鹭鸶晒翼、雁鹅反翅诸形是也，然非盖堂之证验，垣局之会聚者不可（大地方成，垣局中小地只取唇口砂为证。此论龙虎反背）。

坤道珠玑曰："众山拱向，似乎有地，然要辨其真假"。既曰："拱向"，复有真假，于何辨之？在乎识背面而已，杨公曰："若是面时宽且平，若是背时多陡岸"。凡山之拱向者，果皆有宽平之面在前，更有陡峻臃肿之形在后，乃见面向我背在外，是真向也。若反此而状虽向我，其实无面便不为真向。向山主不真，主山便不结地。故看地当内看外看也，内看者，立于作穴之处，看四面之山，及本身左右，皆有情向我否，若众山无情向我，便结穴不真。外看者，四面之山，尽有穴内见其向我，穴外观之，乃反背无情走窜他向，穴中所见向我者，便非真面。向我者，假便非真地，故内看不可不外看也，但形貌背而性情向者，外观虽反背，内观则有情，龙穴砂水，件件真的，又不可执外观之法而概弃之。盖大势反去为形貌背石纹，裹转为性情向。如上所云鹭鸶晒翼等形是也，故石纹之向背，更宜细看（统篇大旨总以识背，而全在察性情为主，真分假分与石纹之向背是性情之显然者，更论及内外看法，龙砂向背自无遁形）。

察穴情

来龙来脉俱已详辨，惟穴情为砂水之主宰，不可不察也明矣。穴之情形千变无穷，总不离窝、钳、乳、突四种。窝钳为上，乳突次之，然窝钳不离乎乳突，乳突不离乎窝钳。窝钳穴后不起突，前

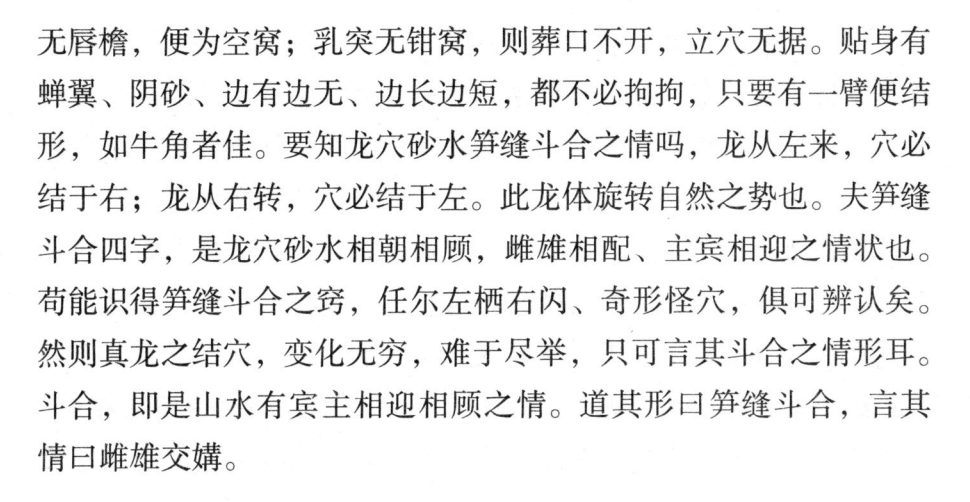

无唇檐，便为空窝；乳突无钳窝，则葬口不开，立穴无据。贴身有蝉翼、阴砂、边有边无、边长边短，都不必拘拘，只要有一臂便结形，如牛角者佳。要知龙穴砂水笋缝斗合之情吗，龙从左来，穴必结于右；龙从右转，穴必结于左。此龙体旋转自然之势也。夫笋缝斗合四字，是龙穴砂水相朝相顾，雌雄相配、主宾相迎之情状也。苟能识得笋缝斗合之窍，任尔左栖右闪、奇形怪穴，俱可辨认矣。然则真龙之结穴，变化无穷，难于尽举，只可言其斗合之情形耳。斗合，即是山水有宾主相迎相顾之情。道其形曰笋缝斗合，言其情曰雌雄交媾。

【白话注解】

千里来龙，只贵到气脉钟灵一穴，点穴首察穴情，是风水上的精髓，不管外形千变万化，穴情才能代表一切，就像人无情，怎能帮助一样。在此参考一下《穴情赋》。

凡看地从何起，须识星辰行与止，员流尖侧要知踪，方晓龙身贱与贵。如覆釜，是金星，行时屈曲喜相生。不这足并斜侧，见此来伤必有刑。如顿笏，是贪狼，不宜斜仄火来伤，脚跟水土其星贵，一举成名达外邦。动是水，飞冉冉，下生金木真龙占，不宜侧火势来侵，做贼与瘟无处闪。如卓笔，火神行，秀时一举便在名，头斜身侧为军贼，带石欹斜神庙灵。若是横，名曰土，令书玉轴真难遇，更生一直起丁庶，人之子朝天去。教君术，认玄微，担来取突最为奇，直来取曲曲中直，饥处须求饱处宜。

这一言，是真术，突到取窝窝取突，行珠气聚缩中裁，正有如流来屈曲。教君葬，端有法，倚急宜饶借法点，龟肩安扦尾下，直认他脉上微微脉，饶中借字宝为真，凑杀安坟人绝迹。勾刀嘴巴弦，此法分明有理扦，钩取曲中重用截，马帝法有撞这先乌鸦先煞费苦经，及鱼胞，莫宜横截穴居凹，若还有气合襟真，倚穴撞求穴正火。

心眼指要

甲穴及禾又，葬之撞穴正为佳，座下流神无屈圹来饶借一些斜剑脊髻同业。草尾珠，真气结，流来势急穴宜饶，须认两边收水贴。猪腰口，搭膊裁，转皮乳气任君裁，后有峰堆前水应，立名倚看龙来。燕子口，及鹤钳，势来窄狭不宜扦，若然有意变环抱，水直教君寄两边。燕子尾，实难言，穴如鱼尾一同扦，势来直急宜斜剪，切忌流神坐下牵。赞其胖，不堪扦，竹蕉横水又连，玄武不顾龙虎直，时师下着退莊田。教君术，善寻龙，直登领看分踪，千支万派纷纷散，遂前头必顿峰。登穴上，看分踪，头去中间穴在胸，左边长时右边长，右边长时左侧官。临峡裹，认其情，左扶右托两边生，两边展翅齐扛过，踏取中间一脉行。寻龙去，看来角，左右落分详测度，此穴推排傍侧坳，中间虽有皆虚落。

寻大龙，去认甚般，后直前湾的不闲，节脉分明堂气聚，中间端的有在蟠。寻龙去，要知由，四山拱集穴堪求，不拘曲直横斜取，金鱼会处用心谋。寻龙去，有真，左伸右缩人难测，教君一法是真言，好向仙宫回处掘。寻龙去，看行踪，顿峰行传是真龙，坟前一合金鱼会，穴有明堂的不空。起三横，生一直，龙神起处真龙匿，名曰梁间燕窝形，仔细挨排看胎息。

凡看龙，须有法，高峰峭拨如何踏，微微幕下挂金钩，又名壁上悬灯塔。凡认龙，高阜中，蛇如带纷纷形，十长一短是真龙，攻者宜潮不宜返。龙若倚，看垂争，膊开肩偃四山迎，落凹横担两边取，逆顺之中切要明。寻龙去，看临田，正水无归，葬后周年瘟火起。教君术，看其生，却宜左右展开争，坟前跃起形如马，堂气金鱼屈曲行。教君术，看其死，强有弯远须跃起，若然龙虎不开争，无窝不成地。教君术，认玄宗，饱强饥弱是真踪，脉随左畔须寻左，掘起头来穴莫中。

凡点穴，看自然，自然穴法是真传。教君葬，认堆作，看取窝堆无的确，生成泡块是真机，细详碎何处落。教君术，看金鱼，左弯右抱更忌元辰直去长。教君术，看水城，来如展席鸭头青，横如腰带真前过，返侧番弓地不成。教君术，有相饶，相饶相让最为奇，若是相残终不久。教君术，看三阳，三三闭最为良，只嫌水返沙头背，落陷无潮水不长。

教君术，看朱雀，要得尖峰如笔卓，不宜斜仄石嵯峨，若见如斯定销铄。教君术，审送迎，子父公孙须拥从，天以太乙两边排，亦要拜龙如进贡。教君术，仔细搜，怪形异状用心谋，斜斜侧侧无端驻，说与时师莫乱求。直说与，泄天机，瘦中取肉最玄微，直中取曲曲宜直，只此一句是真术。

突中窝，窝取突，细认罗纹并土宿，垂珠取气曲中裁，更认阴阳来屈曲。平地上，实难裁，田塍缩缩水来随，微渺妙合金鱼会，十道城门切莫开。平波上，浪花生，内裹初生一月明，不问龙入与虎迎，神聚微水是龙停。太平穴，仰堂盘，有窝有凸实堪安，无珠垂热指倒为定，雄脉来长饶借穴，仰掌一穴值钱多。窝上突，窝上突，突要微茫沙界水，窝寻仰掌水归池。

四平穴，金盘样，只宜有突在中央，其间可认金钱眼，更识荷花心里香。平坡上，实难锹，不能无祖又无苗，蜘蛛结网心中突，两畔无山四水潮，挖不穴，少人知，直来须向曲中宜，此穴葬时须用斩，明堂聚水乐星齐。横担穴，鼠子同，穴后须教顿两峰，对面重重山水护，不宜凹跌不宜空。

蝉伪面，无人下，此穴原来多丑宅，势斜取脉直为情，界水分明真不假。禾锹口，穴尚有，这样出身端的丑，蛾眉月角与同情，倒戈为真正则谬。犁头嘴，也堪安，田塍缩缩水随湾，后宜取直葬宜斩，塘内毫厘真乱看。犁头样，火嘴形，令人见了说无情，若是排窝不带煞，希君葬后自然兴。

斗斧下，穴难扦，凡师不晓这般言，葬中怕过来龙畔。饱则宜饥饥则饱，偏担伞下侧边裁，仙宫左右最相谐，脉来不必取中脉，界背些儿两畔挨，爻刀口，平直爻，葬中挨字最为佳，横亦不横直不直，塘中略摆一些些。蜈蚣口，有多般，直来取突破金安，偃开左右终无穴，分明侧裹安鸡与。管撞堪宜葱心，饶字最屡塘中顺逆分不但发，说与时师莫失机。

若伤金，莫破块，塘中之机谁晓会，上停决定葬须饶，下土破金急无外。穿钱眼，实为奇，认他脉上有玄微，更加眼力寻金水，泡有绕生便可为。第一法，玄要看明堂仰覆仅，仰掌当窝端的好，茶槽竹枧不堪安。葬中法，有八般，时师莫道是虚言，不论左右兼脉穴，聚之中便可安。

童断石过独

"童"山，草木不生，生气已绝，俗呼剥皮龙者即此也。

"断"是凿断开伤之谓，非跌断之断，凿断开伤，此谓之病龙，故忌。

"石"是满山顽石，无头无面，无分无界之乱石山，故忌；如螺丝吐肉，老蚌生珠，每每多在石山，须在吐肉生珠四字上着眼，方不至误。石山土穴，葬下，祸不旋踵者，总由无烊无平，阴敛刚饱，浑身是煞故也。

"过"即是此山过彼山之过，断不即断，起不即起，牵牵连连，无背无面，左右又无护从遮拦风水，一派纯阴之气，故曰不可葬。

"独"是干枯无神之谓，即无背无面，不分不界，无枝无脚，亦谓之独；非是出洋尽结，独墩、孤泡、独山之独也；即大山博小山，不开阳面，不抽嫩枝，亦谓之独，独者，谓枯老无发生之机也。

【白话注解】

这里讲的是童、断、石、过、独乃山龙之五种病。水龙一般无此。关于龙病穴忌自古以来，先贤总结很多像五患、五要、五不葬、六戒、十不相、三十六怕等诀，及三十六绝、十般无脉，皆龙穴之所忌，不可不知也。不能采而辑之，在此略举一些，仅供开开眼界。

择地先须避五患。须使他日不为道路，不为城郭，不为沟池，也不为贵势所夺，不为耕犁所及。

又曰：五患者，沟渠、道路、避村落、远井窑。

按程子《语录》云："卜其宅兆者，卜其地之美恶也，非阴阳家所谓祸福者也。地之美者，则神灵出，子孙盛。若培壅其根而枝叶茂，理固然也。地之恶者则反是。"然则曷谓地之美者？土色之光润，草木之茂盛，乃其验也。父祖子孙同气，彼安则此安，彼危则此危，亦其理也。若不以奉先为计，而专以利后为虑，尤非孝子安厝之用心也。惟五患者，不得不谨。

朱子曰："凡择地，必先论其主势之强弱，风气之聚散，水土之浅深，穴道之偏正，力量全否。"又曰："其或择之不精，地之不吉，则必有水泉、蝼蚁、地风之属以贼其内，使其形神不安。而子孙亦有死亡绝灭之忧，甚可畏也。其或虽得吉地，而葬之不厚，藏之不深，则兵戈乱离之际，无不遭罹发掘暴露之变，此又其所虑大者也。"

又曰："穿凿已多之处，地气已泄，虽有吉地，亦无全力。而祖茔之侧，数兴土工，以致惊动，亦能挺灾。"

丘文壮公曰："风水之说，虽不可信，若夫乘生气以安祖考之遗体，盖有合于伊川本根枝叶之论，先儒往往取之。文公先生与蔡季通预卜葬穴，门人裹糇行绋，六日始至，盖亦慎择也。朱子论择地，谓必先论其主势之强弱，得风气之聚散，水土之浅深，穴道之偏正，力量之全否，然后可以较其地之美恶。后之择葬地者，诚本朱子是说，而衆以伊川光润、茂盛之验，及五患之防可也。"

郭景纯《葬书》云山之不可葬者五："气以生和，而童山不可葬也。"洪氏理曰："不生草木，谓之无衣，曰童。程子以土色光润，草木茂盛为地之美者。"

"气因形来，断山不可葬也。"洪氏曰："若崩陷凿断，气脉不续者，不可葬也。"《秘要》曰："一息不来身是壳。"正此谓也。却亦与自然脱断者不同。山行有断，脉不断则吉耳。

"气因土行，而石山不可葬也。"洪氏曰："温润颜色鲜明者，吉也。"又有奇异地，隐于石间而有土穴者，又有凿开顽石，下有土穴者，又皆吉地，不以此拘。惟焦坛、麻黑、青板，锥凿不入，顽硬之石，不可葬也。

"气以势止，而过山不可葬也。"洪氏曰："气因势而止，穴因形而结。若其势竟去不住，曰过龙。两边插桡棹，似龙虎，昧者误下。又有腰结及斩关穴不同者。"杨公云："好地多从腰里落，回转余枝作城廓。"非过也。何以辨之？曰有穴。

"气以龙会，而独山不可葬也。"支龙行度，兄弟同宗，雌雄并出。及其止也，城郭完密，众山会集，方成形穴。今则单山孤露无情，故不可葬。却有等支龙，不生手足，一起一伏，金木行度，一路平阳，两边以水为卫送，为养荫。及其止也，雌雄交会，大江或朝或横，外阳远案，在乎缥缈之间。纵有阴砂，仅高数寸而已。此又不可以孤露而弃之。何也？盖得水为上，藏风次之，所以贵也。

又穴有五要，葬有六凶。

葬其所会，乘其所来，审其所废，择其所相，避其所害。阴阳交错为一凶，岁时之乖为二凶，力小图大为三凶，凭福恃势为四凶，替上逼下为五凶，变应怪见为六凶。

又穴有三吉：天光下临，地德上载，藏神合朔，神迎鬼避一吉也。洪氏曰："天有一星，地有一穴。天星地形，上下相应。"张燕公曰：神谓人之神魂。合朔谓岁月日时也。谓藏神合夫吉朔也。神迎鬼避，亦年月得吉之义。阴阳冲和，五土四备，二吉也孤阳不生，独阴不成。二五感合，乃能冲和。乃刚柔相济之处，是为吉穴。《中庸》曰："致中和，天地位焉，万物育焉。"其斯之谓与？五土四备，黑不与。红黄为上也。目力之巧，工力之具，趋全避缺，增高益下，三吉也目力巧而能趋全避缺，工力具则能增高益下，是故裁成辅相在人。大凡作用之法，随宜料理，千变万化，本无定式，全在心目灵巧而相度之。蔡牧堂所谓"善者尽其当然，而不害其为自然；不善者泥乎自然，而卒不知其所当然。"道不虚行，存乎人耳。

杨公三不葬：一曰有龙无穴不葬，二曰有穴无人不葬无德之人，三曰有人无时不葬年月未利。

厉伯韶四不下：无穴不下，无德不下，无福不下，无期不下。

陈希夷先生四要：要龙真，要穴正，要葬善，要时宜。按：希夷先生为种仿扦一地葬母，在豹林谷。既定穴，时未利，约以期。至期，先生未至，种遂葬。窆岁毕，先生至，叹曰："此地当出数代宰执，惜葬法未善，但出数将而已。"果复出种世衡、种谔等数人，为将有声。见朱子所著《宋代名臣言行录·种仿传》。此见葬法矩度，不可有失。而扦穴之妙，诚难矣哉！

廖金精六戒：第一莫下去水地，立见败家计；第二休寻剑脊龙，杀师在其中；第三最忌凹风穴，决定人丁绝；第四尤嫌无案山，衣食必艰难；第五生怕明堂跌，决是破家业；第六偏憎龙虎飞，人口主分离。

青乌仙十不相

一不相粗顽丑石。顽石粗丑，形类凶恶者不可相也。亦有龙身及穴星，左右龙虎皆粗石，而穴间不见，且穴星纯土者，则吉。

心眼指要

如沐国公地，来龙纯石，拔耸入云。近而视之，巉岩峻峭可惊。及临穴，左右皆石，只是当穴纯土，光彩明白，所以吉也。福建兴、泉诸名地，多有石。

二不相急水争流。急水交剑争流，穴前见之极凶，不可相也。

三不相穷源绝境。卜氏云："穷源僻坞，岂有真龙？"诚以穷僻水尾，乃龙脉发身处，不可相也。有等大龙，翻身入源，奔至坞底而结穴者，不以此拘。

四不相单独龙头。单山独垄，孤寒无倚，不可相也。洪氏云："独当作露，不露不忌。"亦有大龙独行，而至结穴处，开窝钳，有龙虎者不忌。

五不相神前佛后。卜氏云"神前佛后，忌闻钟鼓之声"是也。然予兄弟多见美地，不以此拘。如福建建宁杨文敏公祖地在白鹤山者，弋阳汪尚书祖地在叫岩寺者，皆切近禅室。又如廖金精扦张少保寿基，神庙先据，去其庙而立穴。若此之类，莫能殚举。然则神前佛后，似亦不足忌与？窃谓神庙寺观，多是孤阴寡阳、单独龙神，或水口之山，故在不相。偶亦有结地者，则龙有台屏帐盖，而非单独之比。有阴有阳，拥从侍卫，而非水口用神之属。特其龙甚旺，故山川灵气所钟，未下之前，而有神灵依栖者，或余气发泄而为神庙寺观者，若此之类，何神前佛后之足畏？谚云"天下名山僧占多"，其斯之谓与！虽然，犹不可概以坛庙处有穴，而专慕于此。此等去处，不结穴者极多，结穴者乃偶有一二而已。若于不结穴处勉强扦葬，尤非所宜，不可不慎。诚有吉穴，务须至诚，以善求之，不可则止，付之缘份。切不可恃势强求，以为理外之事。多见因此风水且未得，而反贾奇祸者，君子可不慎之哉！

传说建安杨文敏公祖达卿，好施与，以木万株施之白鹤山僧，因得其地。先是，有望气者言此山有异气，欲断之。且断而夜复满，遂止。杨氏葬后，文敏公荣登第，官太师。又科第数十人，至今富贵不替。

按：是亦催官地也。葬此地时，文敏公十余岁矣。公有《白鹤山房记》详载得地之由，见《建宁志》，图见龙法卷。

又廖金精为张潜公扦寿域于德兴铸印墩，其穴为吴王芮庙基，神甚显，不可犯。廖曰："姑置，俟壬申岁，君家必产贵子，可令乳母襁褓中训食为拆。三四岁语言明白，可负此子入庙，据案上，令乳母以果品食之，彼必言拆。预名仆夫百余人至庙间，候童言拆，群声应曰'领钧旨'一时撤庙，然后扦穴可也。"果岁至壬申而诞张忠定公寿，如廖公语，撤庙扦穴。后忠定官至少保，赠潜亦少保，今称少保墓。

六不相墓宅休囚。墓宅休囚，气运衰败，纵有吉穴，亦不发福，不可相也。盖地之气运有盛有衰。当其盛时，则小结作亦能发福；当其衰败，则虽有上结亦不发越。故古今一洛邑也，古今一长安也，昔为富贵繁华之地，而今为草莽荆棘之场，非陵谷变迁，亦气运使之耳。地师先须识此。

七不相山冈潦乱。山势冈垄走乱，条条无情之处，龙穴不聚，不可相也。

八不相风水悲愁。风水悲愁者，山粗雄而不媚，水峻急而有声，风交吹，如号如泣。或湖泊之间，或渺茫之坂，或山乡之处，风水悲愁，多为战斗之场，每数十年，必有一次战争杀伐。或贼寇所过，或剿灭强梁之类，此必然之应也。

九不相坐下低软。凡主山，欲其盛旺高明。若坐下低软，则无气脉，多为软弱荡皮死气之类，不可相也。

十不相龙虎尖头。龙虎尖头相斗乃凶。若尖而不射不斗，多是曜星发露，为贵地之证，又未可尽以为凶。

杨公云："或斗或射尖如针，两边相指穴前寻。非为子息多清贵，更须积玉与堆金。"盖此等龙虎，若龙穴真，乃为明曜，主贵尤显。

廖金精穴星八病：斩指折痕项下拖，破碎石嵯峨。断肩有水穿脾出，剖腹脑长窟。折臂原来左右低，破面浪痕垂。陷是脚头窜入水，吐舌生尖嘴又穴面四病：贯顶脉从脑上抽，星峰不见头。坠足脉从下去，灵光内所聚。绷面横生脉数条，生气自潜消。饱肚粗如覆箕样，丑恶那堪相。

李淳风论脉有八病：如葫芦则非乳，如鱼胞则非泡。贯顶如竹不起顶，非节。透顶出脉，非硬。圆有脊，非块。串不明，非珠。流动出脉，非转皮。

又穴有七凶：贯顶串脉、露胎、绷面、死鳖背、断如斩、受杀、吐杀。

泓师三十六绝穴

入式十二例杂论有吉有凶。一曰破：崩破峰垄，断冈坏堑之地，或流水冲损，霹历所惊。

二曰歹：歆歹不正，在右边则女不正破产，在左则出奸滑人。

三曰流：流走不顾，随水而去。或左右山不收，或玄武、朱雀尖窜。

四曰射：山直来，尖射向塚宅。或如拖枪，或如悬刀，或如虬尾。

五曰回：峰峦环合，入来相揖，龙虎宛转回抱，归向不流者是也。

六曰伏：其山偃伏低下，不能高耸，或如覆尸，或如卧蚕是也。

七曰圆：山欲圆而不欲粗，欲小而不欲大。粗大则钝浊，圆小则清奇。

八曰巧：巧者，秀丽如描画，耸立如卓旗。或横如玉带，或突如跪炉，或转如勒马，或盘如戏龙，或叠如垂帘，或簇如悬幕，或列如排衙，或据如案床，或如驱羊，或如飞凤，千状万类，不可尽载，智者自能明之。

九曰暗：形状不明，在阴暗之处。或模糊不清，或众山共围一山。

十曰乱：杂乱繁多，并无条理，如乱花，如投算，四散不可纪是也。

十一曰水：有山无水谓之孤，有水无山谓之寡。水欲深而不急，欲平而无声。十里之外有秀水入明堂者，大贵之地也。

十二曰石：开圹见青石者凶，红粉者吉。独石如鼓，丑石如崩崖，尖利顽块，俱凶。石碎巉岩，与山无草木，及石间有湿润者，俱凶。若有五色石，细腻如粉，并五色土者，主大富贵之地。

以上所列仅是一部分，但真的到实际用的时候，一定要辨别穴的真假，千万不要寻得好龙，但做时伤龙伤穴。

凡定穴，有天然的定之所，一步不可移易者，方为真穴。如人灼艾用针，自有一定之穴，不可差毫厘。若移左一步放棺亦似是，移右一步放棺亦似，移上亦正，移下亦正，无的然之所者，则非真穴。术家谓之菩萨面，面面皆好，决非真穴。

伤龙伤穴有两说，一是点穴太高为伤龙，穴点太低为伤穴；一是顺来顺下，气冲于脑，谓伤龙；斜插太过，气不贯耳，谓伤穴。二说俱是。以气言，高则气太急，低则脱气，顺来顺下，斗气冲脑，饶减太过，脉注不着。故云"高低饶减咫尺间，得失吉凶从此定。"不可不慎。伤龙主祸速，伤穴主祸迟。古人谓"宁可伤穴，不可伤龙。"以取祸之迟速言耳。其实二者均不可伤。一说掘凿太广伤龙，开井太深伤穴，皆当慎之。

心眼指要

收 放

收者束也，龙身行度处，以束定峡；到头一节，以束观入首，所谓束气者是也。平洋无脊脉可凭，全在收处察其真假，证其来源。放者，开也，帐盖之大小，缠护之短长，均于此定之。大收大放，盖帐关峡是也；小收小放，峰腰鹤膝是也。收放愈多则愈有势，放愈大则愈张扬，收愈小则龙力愈壮，故穴后入首一节之收放，比后龙更为紧要耳；不拘平阳、平冈、山龙，都宜如是。

【白话注解】

平洋无脊脉可凭，全在收处察其真假，证其来源。凡收必有护砂，此即察平洋龙关键。又有说法凡水停泊上处，居于两边，都是护砂，此又为观平洋诀法。

不拘平阳、平冈、山龙，都须收放。城市水龙则不宜愈收愈小，不如取其枝脉为妙。然入首一节之形势，仍关重要，无论干枝皆然。泊，亦不能以直龙视之。盖有起有伏（有行有止），即如有收有放，若不理会及此，则必无法令阳宅纳气，是故大厦之位置设计，实须与龙及水配合也。

《山洋指迷》上收放的讲述很精论：何谓收放，收者，跌断过峡也。放者，放开枝脚也（大极收小，小极放大，阴阳变化，转换之理）。缠护迎送开帐，皆放中之事。龙之鹤膝蜂腰，支龙之银锭束气，皆放、收字之别名。蜂腰旁之蝉翼，银锭旁之阴砂，乃放中之至小者，盖不收则气散而不清健，不放则气孤而不生长，犹火筒与风箱，必小其窍而风力始健。又如草木必放开枝叶，而花果已成。

故善观地步者，必于峡中观之。

李氏曰："跌断非峡"，谓以夹两山而无迎送之砂，虽跌断不为峡（行龙跌断多者，前途结作必真，虽跌断而不开面，中间无微高脊脉，此去必无融结，不惟不得为峡也）。谢氏曰："无关不成峡"。谓峡旁无水口，又无迎送交锁之砂，以关其峡水也。何潜斋曰："神仙地理无多诀，未用寻龙先看峡，峡中须有明堂，

迎送关锁过峡图

内峡外关堂气结，结得深时垣气真，结得浅时垣气泄"。言峡有迎送关锁砂，而旁自有聚气明堂，方为好峡。结之浅深者，谓迎送关锁砂之多与少，密与疎也，观此则峡中地步可见矣。

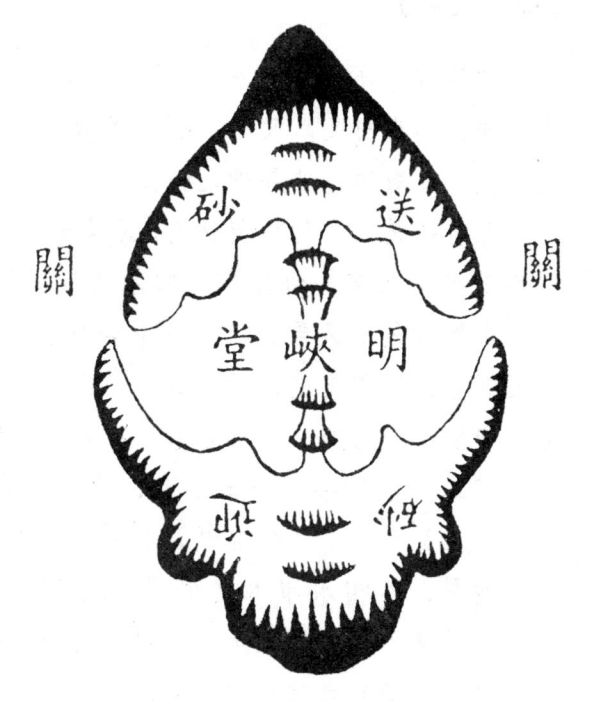

分 合

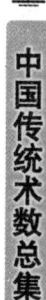

穴后宜分不宜合，分则顽气自脱；穴前宜合不宜分，合则砂水自向，门户自闭。又云"有地无地，且看下臂"；又云"下砂不转莫寻龙"，此数语岂非寻地之快捷方式乎！

心眼指要

【白话注解】

　　穴后宜分不宜合，分则顽气自脱，穴前宜合不宜分，合则砂水自向，门房自闭。又云，有地无地，且看下臂。又云，下砂不转莫寻龙。此数语岂非寻地之快捷方式乎。此论仅合阴龙。

　　分合也是证穴的重要标志。《神宝经》云：大凡点穴，先看大八字下有小八字，两边有虾须水送气脉下来，交到三叉尽处，必开口。然如是，又要辩认上分下合分晓，方知真假。若上面有分，下面有合，阴阳交度，乃为真穴。或上面有分，下而无合，则是阴阳不交度，乃为假穴。分合有三：其一乃球檐水分来下合，为第一合；其二乃小八字水分来下合，为第二合；其三乃大八字水分来下合，为第三合。《神宝经》曰："三合三分，见穴土乘金之理；两片两翼，察相水印木之情。"按：此皆穴中之至秘也。有合无分，则其来不真，内无生气可接。有分无合，则其止不明，外无界脉之可证，皆非真结作也。故分合证穴，最为的切，不可不察。但分合之说，须明师口传可也。不然，则多有悮。盖窝钳之穴，无传度口功，鲜能知之，故尔。地固有无朝应、明堂、鬼乐、龙虎、缠护、夹照而有结作者，岂可尽泥于此乎噫！非圆机之土，其孰能之？

阳脉结穴图

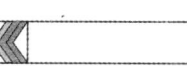

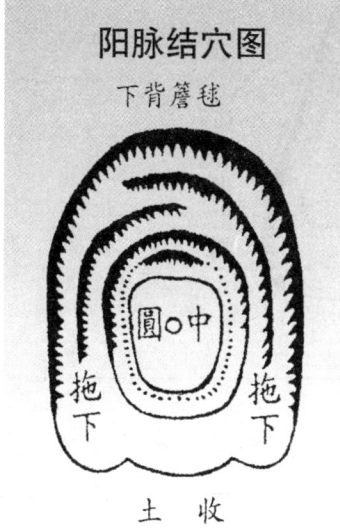

下背簷毡

圆〇中

拖下　拖下

土　收

阴脉结穴图

下背唇破

圆〇中

下背唇

乳突穴分合水图

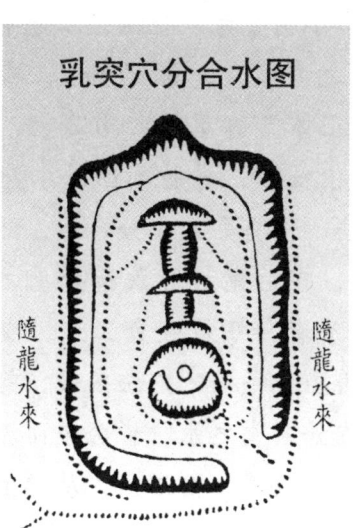

隨龍水來　隨龍水來

窝钳穴分合水图

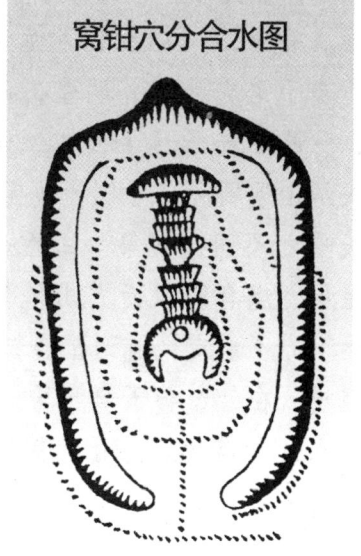

正体星辰分合水图

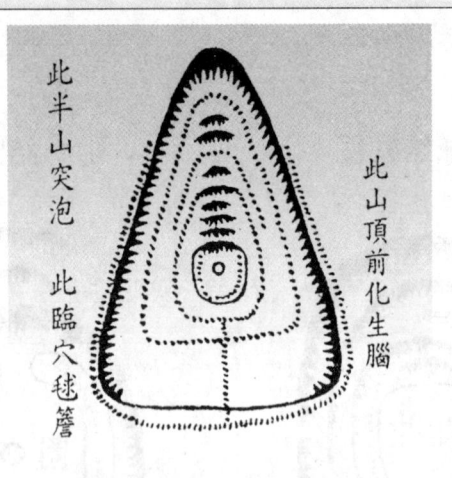

[图：正体星辰分合水图，标注"此半山突泡 此临穴毡簷"、"此山顶化生腦"]

注：第一分，从山顶蝉翼肋下分来，即虾须水。第二分，从半山金鱼砂肋下分，即金鱼水，亦名虾须水。第三分，从球檐下穴晕两旁分来，即蟹眼水。三分水，合于小明堂为一合水，二分水合于唇下为二合水，一分水合于龙虎内之内明堂，为三合水，随龙大界水，合于龙虎外之外明堂，此指正体开脚星辰穴山高大，地步甚广，脉路牵连长远者而言，若穴山低小，脊脉间断，本身不开口，穴结山顶層处，与侧钳边钳穴法，惟有贴穴小分合水，然亦有股明股暗之不同，其第一二重分水，在后龙过脉跌断处见之，如开脚星辰龙虎有饶识而穴山地步无多者，虾须金鱼二水，或边分并，唇下亦不能定，有两重会二，盖山体不一，穴法多般，前图惟绘其规模，在智者善于窥测耳。至内外明堂之水，皆会合而流，惟小明堂水，本属微茫，雨过渗入土中，设遇大雨溢出，从唇上直流者，即是破唇。

横龙穴分合水图

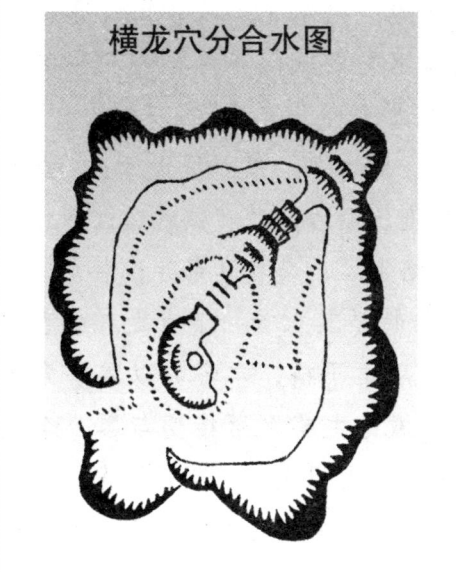

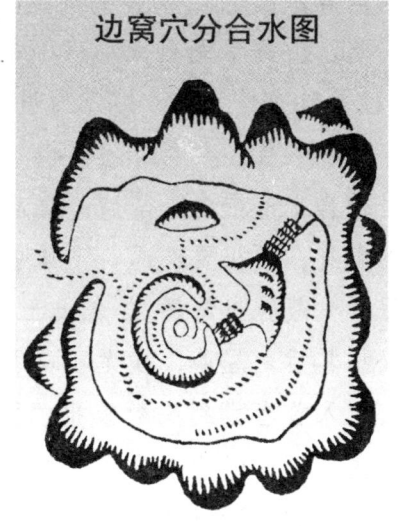

边窝穴分合水图

来情对脉

山龙有九星正变之象，水龙亦有九星正变之象；山龙有主山，水龙有城门；山龙有来脉入首，水龙有来源入口，并有两浜界水，止处必须界抱有情。山龙入首结穴处，须求真止之情形；水龙照穴有情处，须求方圆明净，方为真水。五歌云"对脉论来情"者，此也；"水来当面"者，此也。

【白话注解】

山龙有九星正变之形体，水龙亦有九星正变之形体；山龙有主山，水龙有城门；山龙有来脉入首，水龙有来龙入口，并有两浜界水，山水止处必须缠护界抱有情。山龙入首结穴处，须求真止之情形；水龙照穴有情处，须求方圆明净方为真水。五歌云：对脉论来情者,此也。水来当面者,此也。论水龙一段,正浅露排龙诀。此以山龙水龙对比而言,故知水龙之城门亦可释为"主要水口";入口亦是入首。结方圆明净之形亦即"真止"。

龙脉入首,共有五格:横、直、回、飞、潜。廖氏云:"直龙原是撞背来,中出贵徘徊;横龙原是从侧落,逆转须磅礴;回龙原是曲翻身,顾祖要逡巡。飞龙原是结上聚,昂首真奇异;潜龙原是落平洋,蔽脉自悠扬。"然此五格,特举其入首一节言之。故直龙不必拘其后之屈曲,横龙不必拘其后之不横,学者毋以辞害意可也。但入首者,到头数节也,张子微论龙格穿落传变与廖公李氏之论龙格,皆以此数节定吉凶贵贱,盖太祖太宗,犹是远龙,惟此处最为切近,若入首不美,祖宗虽美何益(必有他结),入首既美,祖宗必美可知,故寻地捷径,必以入首数节为主,开面者真,不开面者假(寻地有二法,有自祖宗寻起随龙看到结穴处,有自结穴处逆寻到祖山,然结穴既美,后龙必美,故从结穴处逆寻到祖山者为捷径)。台屏帐盖成座,星辰护卫砂水重重真向者,富贵,牵连小面单砂单水,拱高者,小康。

诗云:"千里来龙,只看到头一节",赋云:"入首成胎犹防死绝"。故胎息孕育,到入首更为切要(地理大成云:主星后一顶为胎,胎下束咽曰:息,主星顶口乃成穴),此处不成,穴必他闪,盖元武后一节为父母(穴山之盖山是也),父母开面出脉为受胎,开面者,阳气发舒之象,出脉者,阴气束聚之形,开面处有垂头,是俯而施之之象,出脉处有还跷,是仰而承之之形,阴阳相配,俯仰交孚,则受胎也,胎前跌断细如蜂腰处,谓之息。如母之受胎而养息也(此论父母山阳面出脉),吞武顶前(是穴为顶前),有隐分隐矬之微者,是气之呼而沉,又有前起贴体微泡,为化生脑,是气之吸而浮,化生脑前,亦复有微分微矬之呼而沉,微动微起之吸而沉,谓之孕(此论化生脑,开面出脉孕以化生脑为主,上自穴山顶前下至半山递脉节泡谓之孕也)。如母之怀孕,而孕之呼吸，浮沉，与母息相通也（言孕之前后呼吸浮沉与父终了母山之气脉相联也），孕下起孩儿头（一节临穴之球檐），开端然之面，又有隐分隐剉，微起之动气，谓之育。如子离母腹，而自其呼吸沉浮之动气，故能育也（此论球檐开面出脉）。是以胎息孕育，全在开面方成，而生机又在呼吸浮沉之动气也。

山龙一线，平洋一片

一线者，言其狭小也，必须细心察看，方得其一线之真土真气，否则夹砂夹石，水湿虫蚁之患难免矣。一片者，言其广阔也，广阔者须求动处为是。水有一两处来者，有三四处来者，来处虽多，用法须归乎一气，此亦平洋纳水之要诀也。如半得半失者，定主房分偏枯，得三失五者，退财伤丁，势所不免矣。

【白话注解】

山龙一线，平洋一片。山龙一线固难寻，平洋一片则易失，此处说水龙广阔，须求动处为是，此即取城门水口之真诀。

一望可知

大凡山不开面，土必粗松，春夏大雨，小石、粗砂必随之而下；随水而下，路上必多粗砂小石，凡山麓小路有砂、有水、有小石者，不必登山。如护龙砂及送龙砂等等，定有小石浮砂，此亦辨土之一法。如色泽荣润，土必坚细。土色坚细，路上自无小石粗

心眼指要

砂，草木自然油泽，草根自然稠密，界水自然亲切而兼深蓄；否则左右界水自为浮砂淤塞，草木休愁，路多细石，种种都由土色粗松之所来也。此等在识者可以一望而知，余恐初学者眼力不到，特此指之。

【白话注解】

这一段主要讲解的是龙的开面不开面问题，开面为真，不开面为假。何谓开面？只以龙脉的分、敛、仰、覆、向、背、合、割八字察之，分而不敛，仰而不覆，向而不背，合而不割者，为开面，四者之中，有一方面反，为不开面。

主坟正照

坟后拍朝案

黄绍竑祖坟"王龙出洞"在容县黎村珊萃的石印冲地名叫松岗坪，也有叫（松岗书房岭）。立子午兼壬丙，也有人测得子午兼癸丁二爻、入首龙前三节为坤、酉、乾龙，大江水来坤方出巽位。

据黄家族谱记载，三房六世支祖登仁郎宣德公（应震）暨祖妣冯孺人合葬紫印山墓图："穴地在紫印山祥风岗，又名松岗。龙从紫印山横列大帐中轴出脉，屈曲走弄十余节，束咽入首成睡地木形结穴，穴前吐大坪数级束气，下面弓脚、弯抱。左以金鱼岗为龙，右以中村山为虎，血脉水当面合襟出已大河横栏。当局宽畅，立子午兼壬丙向。道光庚子年甲申月甲辰日子时合葬修灰沙坟墓竖碎碑"。

此墓山龙极佳，主要是石印山之灵气到穴。石印山山脉西东走向，一连五个山峰并列着，即金星生水星，水星生中峰木星，木星生火星，火星生土星，形成"五星顺生之路"。本局三方均有大江水放光朝穴。石印山五峰从中峰木星下脉，黄祖坟到穴星入首处突然低沉"发威"，一条小石岗活活泼泼之字"石蛟龙"起穴星开面成大平岗而结腰中穴，真正的"骑龙格"。穴后"束气"之态势，"蛇头"回顾作近案，左右护砂到穴起"夹耳峰"有情包过穴场，前案是天马状，有云："天马作案起双峰，世代儿孙出豪雄。"案头右边又象一条令旗，象行兵布阵发号施令和右手抓批文笔似的。中局左右有"双狮形"山朝贺；珊萃河湾曲朝来入局，外局黎村温泉河金城水、思贤河又成九曲暗暗拱，小水吞大水之美！几重横案后最后是六胜的"大人山九脑芙蓉"，共九条象旗样的山峰一排并列。此地实为龙真穴的，气脉大、堂局美，逆水有情，千山万水尽收入穴之大地！

体用并重

地之可否固在乎体，贵贱实由乎用。

如用法得宜，富而且贵，并能悠久，如用弗得其当，退财伤丁，子孙下流，无所不至。由此观之，体与用并重也；细细推之，用更重于体矣。

【白话注解】

地之可否固在乎体，贵贱实由乎用。如用法得宜，富而且贵，并能悠久，如用弗得其当，退财伤丁，子孙下流，无所不至。由此观这，体兴用并重也。细推推，用更重量地体矣。此忽强调理气之用，实恐述形过多，读者重形而轻用也。

本文讲的体用在此要多方面理解，章仲山所说的体用要包括峦头理气，天运卦气等。《山洋指迷》论地理以峦头为本上讲：

峦头，不专指星体而言，凡龙、穴、砂、水，有形势可见者，皆峦头内事也。《青囊经》曰："理寓于气，气围于形"。盖理者阴阳五行之理，气者阴阳五行之气，形则山峙水流之形也，山之所以峙，水之所以流，莫非阴阳五行之气使然，而其中有理存焉，朱子所谓："气以成形，而理亦赋焉"者也，但气有吉凶，不以理推之，则不可得而知之，故圣贤说卦以明理，用卦以推气，凡先天后天，双山四经，三合玄空，穿山透地，坐度分金，休囚旺相，气运岁时，皆理气内事也。（理气诸说各有所用，恐人无所适从，特举最要数者为后学指南）第峦头理气，二者孰重，曰：峦头真理气自验，峦头假理气难凭。故理气不合，而峦头真者，虽有瑕疵，不因理气不合而不发富贵，理气合而峦头假者，定不因合理气而发福禄，是峦头为理气之本也，明矣，学者必待峦头精熟，地之真假大小，穴之吞吐浮沉，卓然有见于胸，然后讲求理气，以明乘气立向，控制消纳，征岁运之用亦不可废，如峦头未熟，先学理气，虽贵阴贱阳，来生去墓诸说，确确可据，而吉凶休咎，似与峦头无与，往往求福而致祸者，舍本逐末故也。故曰：占山之法，以势为难，而形次之，方又次之。又曰：有体方言用，端用则失体，可不知所先务哉。

天运卦气方面。先天为体，后天为用，今人言之熟矣，而先天之体，绝无人能用之，而后天之用，亦已根本全错，如今之章派为尤甚，以元运及山向盘，如年月紫白之从掌上飞布，与原理已相去霄壤，兹姑不赘，先天在下层，静而不动为体，后天在上层，动而不息为用，先天卦爻，阳九阴六，上元一二三四运为用卦，坤巽离兑为体卦，坤统三女属阴一片，共管九十年，下元六七八九运为用卦！艮坎震乾为体卦，乾统三男属阳一片，共管九十年，上下两元，合为一百八十年，体则千古不易，用则循环无端．此玄空理气之称体用，非峦头理气之称体用也。世以三元九运论短长者，阅此可以晓然矣。

水有公私

水有公私、过客、特朝之分。

公者，公共公用之水，无所专于一处者，此谓之公；私者，一穴独受，干支情性都专于此者，此谓之私。过，即此卦过彼卦，此方过彼方之过，无阔无狭，无湾无曲，无情于穴者，谓之过客；特朝者，对脉处恰有枝水特朝，长短曲动与来龙相称者为佳。取用之法，当用真水特朝者为先，次收公水、过水，最为得风水之法；如误用水法，恐有元运不一，房分偏枯之患矣。

【白话注解】

风水上特别讲究水的情况，所以再细化的时候，水就有公私、过客、特朝之分，风水学论"山主贵，水主财"。天一生水，水实万物之祖。水在天地间为最多，四海五湖，特其概耳。浴日月，浸乾坤，皆水之效灵者也。故水于阴阳家，曰山水，曰风水，水居其半，可谓重矣。而地书乃以水居四科之末，似以水为轻于龙穴也。殊不知龙非水送，则无以明其来；穴非水界，则无以明其止。盖"外气横形，内气止生"，是龙穴又赖水为证应。然则，居四科之末者，特以次序言，非以轻重言也。故郭氏曰"得水为上"，杨氏曰"未看山，先看水，有山无水休寻地"，廖氏曰"寻龙点穴须仔细，先须看水势"，皆言水之当重，与龙穴均也。

消水入式歌讲：

真龙落处众水聚，水聚方为是。昔贤何以水为先，水住穴堪扦。入乡先须看水口，留心莫乱走。两山对定似葫喉，真龙在里头。寻龙点穴须仔细，先要看水势。若是龙住水聚堂，不聚乱茫茫。穴落止时水便聚，不止迢迢去。穴居隐怪却难扦，细把水来辨。水本原是龙血脉，二者须要得。若见当面去匆匆，便是鬼刼龙。或是随龙来百里，见穴便停止。后来此处分雌雄，得水喜相同。若是阴阳分路明，下后富家兴。东牵西走不湾回，劝君莫轻裁。偏正穴法任君下，两角中心也。三叉中取更无疑，失一便为非。

辨水分格歌讲：

天机水分富贵贱，上中下格辨。富贵的在三格中，贱是下格逢。湾环曲折皆为贵，贱是直流去。洋潮济济荡胸临，富盛斗量金。汪汪万顷无涯际，财帛来无数。荡流直去无关阑，穴吉也徒闲。面前峻急明堂远，只要有城转。莫因此样有疑心，龙居始为真。若是堂倾无聚处，有穴终须弃。龙真穴正出天然，切记好安扦。前面若逢卷帘水，定主填房子。直去百步不回头，此是退田牛。辨水须把龙为主，贵贱龙中取。贵水若还遇贵龙，下后出三公。龙贱水贵反不吉，决定破家室。水贱龙贵不为全，祸福两相兼。水贱龙贱不足取，绝人荒基推。水中有杀最难医，在人细详推。仔细消详煞八样，刑克冲破状。更兼穿割实为凶，箭射总皆同。形是土穴得土水，鳏寡孤独鬼。冲是洋潮势太雄，穴小最为凶。克是阳脉得阴水，初下退田地。破是众水穿罗城，妻妒女儿淫。穿是一水穿堂过，连绵非横祸。割是穴前扣脚流，欠债不知休。箭是面前来向穴，口舌频频见。射是一尖向穴冲，凶祸岁岁逢。真龙若与砂水对，祸福缘相配。天造地设一定规，凶吉难再移。

因形测气

穴中有生物及紫藤茜草之类，亦可猜测而得见；有此藤，断不可改动，即不见此藤，但见气色荣润，亦不可更动，稍动必至伤丁。

大凡直达、补救兼收，自多诸吉，其所以生化，都由山向水口所用之星辰得、弗得以辨吉凶者也。

心眼指要

以上种种，在识者按其山向、水口、地气，即可卜其有无；即浮厝、棺椁，看其砖石之神色，即可知其生物之有无。苟能知此，覆旧容易耳。不但覆旧坟之易，且不肯乱动人家坟墓矣。

【白话注解】

此谓穴中有生物。古代地师以有此经验，每准确，竟神化其说。今不存之以待后验。这也是我们以前说的入坟断。地理师（风水师）到主家坟地一看就能知道主家的一些情况，如财、官、运气、人丁兴旺否及家风如何，有人把古人的经验总结编为口诀，供大家笑看，不必为穷究真假。

要知男女老少坟，只有草木才知音，
要知何因死的人，草木也能定分明。
要知宅主富定贫，坟地山水自分明，
新旧草木坟中生，阴阳草木定是真。
少者草在东边少，老者草在西边生，
东边草高男家发，西边草高女家兴。
坟上万物生土堆，先富后贫子孙亏，
左边东来右边西，坐南朝北四位取。
左边草高是男坟，右边草高葬女人，
男坟长草直上生，女坟草生乱纷纷。
右头草木斜左脚，定主里面埋老妇，
左边草木斜右头，白头老翁埋里头。
左边草木斜左头，少年子弟埋里头，
右边草木斜右头，红粉佳人不知秋。
坟上无草枯骨头，坟崩定葬黄肿人，
坟堆上草下无草，定是痨病和孤老。
坟山前孔服毒死，地生卷皮服毒人，
上尖下尖中间大，定是黄肿乱死人。

左边无草男痨死，右边无草贫女人，
左右若有寄生草，定是过房抱养人。
坟边苦有藤缠树，投河自缢悬梁死，
东边草高是男坟，西边草高是女坟。
草头向东是男坟，草头向西是女坟，
坟后草散坟前茂，兄弟离散定分晓。
坟上蚂蚁堆成群，葬的幼年小儿身，
坟上草色绿或青，葬的酒醉狂死人。
坟上草黑夭亡死，草带黄色老胡子，
坟上草枯少年亡，赤色草散女二十。
坟上草生不散根，草上双直是男坟，
女坟尽火男尽金，草连成索吊死人。
土白草黄男子坟，土黄草白是女人，
垭口葬的是假穴，龙脉真的是正坟。
路边埋的是乞丐，江边埋的是淹鬼，
群葬乱杂刀枪亡，坟上青苔后无人。
草青有黄显名声，草若东倒长男发，
草若倒西少女兴，草头有土子孙盛。
扯草无土大不顺，草往后捆家兴旺，
草往前捆家败光，坟上土色若不正。
葬的奴卑使唤人，坟上有洞又塌陷，
十年之内家全败，此是入坟断妙诀。

在道教中还有入坟断风水护身法护身咒："天道、地道、人道、我行其道，鬼神不侵，恶煞远避，太上老君在此，急急如律令！"此咒在外出时默念三遍，然后行动，有其特殊功力，为符咒之大法，功法无量。应用得好万无一失，可保精气清爽，思维敏捷，临阵不乱，护身不功。

水辨真假

有情照穴者为真，无情顾穴者为假。如来龙活动，土色坚润，或两傍有水界割，其气自清；或龙到头，止蓄之处，内堂有点真水，大旱不涸，恰与来龙来脉相称，方为之真水。真水者，来情对脉，水来当面之谓也。如水色混浊，并有臭味，及偏斜反弓，即易盈易涸等等，都由地气与水不交，故谓之假。

【白话注解】

阴宅辩真假水自属有情的重要。阳宅则甚少须辩水真假。从前人家开井，则以井水清浊甘涩而辩宅地吉凶。若井水变，则须疑及是否安向取用有误。和下文因水验气之理一样。

因气验水

此云"因气验水"，亦可云因水验气。有是气即有是水，有是水即有是气，气水相交，方谓之真水。但有水，坐下无气者，仍不可用也，故曰因气验水也。

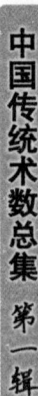

因水验气

气者水之母，水者气之子也。有气斯有水，有水斯有气，气无形而难见，水有迹而可求；水来则气来，水止则气止，水抱则气全，水汇则气蓄。水有聚散，而气因之聚散；水有深浅，而气之厚薄因之，故因水可以验气也。若池湖荡胸，泼面无拦，则气不聚；无案则势不可当，即易盈易涸、急去急来、倏浅倏深者，均非尽善之谓也。惟大水之内又有小水重重包裹，方见气之藏而聚；大界水之内更有微茫隐隐分合，方见气之动而止，故眷恋回环，交锁织结，皆是气之所在也。穿割牵射、反直斜冲，皆是气之离也。如反者使其环抱，直者使其曲折，挽回造化，亦在人功。但本身小水有情顾穴者，务宜挨亲；干水无意留恋者，不可扳援。若山谷之平阳，山多水少，虽见大水无害，总要自己界合为先，并宜大小兼收为妙也。夫气之盈虚消长，上通乎天，下贯乎地，应乎万物，神气相感，体用得宜，生生之道在其中矣。五歌云："直来直去龙之僵，有湾有动龙之活"，水龙如是，山龙亦然。所谓"水来当面是真龙"者此也，所谓"对脉论来情"者，亦即此也。

平洋以水为龙者，法宜培土安坟，若地有真气，龙真穴的，开凿安坟亦吉；如荡然无气者，即培土亦不能发福，非但无益，且有水浸之患矣。精生气，气生神，神完气足，故曰神气，为峦头第一件要事，宜细察之。

【白话注解】

因水验气，因气验水都讲了水的重要性。风水术最核心的秘密，就是乘生气；最核心的技法，得水为上，藏风次之。就是藏风聚气。山环则可以藏风，使气聚之不散；水抱则可以聚气，使气行之有止。风水书千经万典，说来说去，就是说的这些子。山体静而为阴，水体动而为阳，动者为先，静者为后，风水术先重生动之气，故以得水为上。再说，水既有截止生气的作用，也就有聚气的作用，所以平原无山只看水，因为有了水就能聚气使之不散，藏不藏风也就无所谓了。廖精金说过："翻身转面去当朝，不怕八风摇。"意思就是，只要有水曲折来朝，就不怕八风吹穴。可见，风水之法，首贵得水。城市以路为水，则首贵得路。

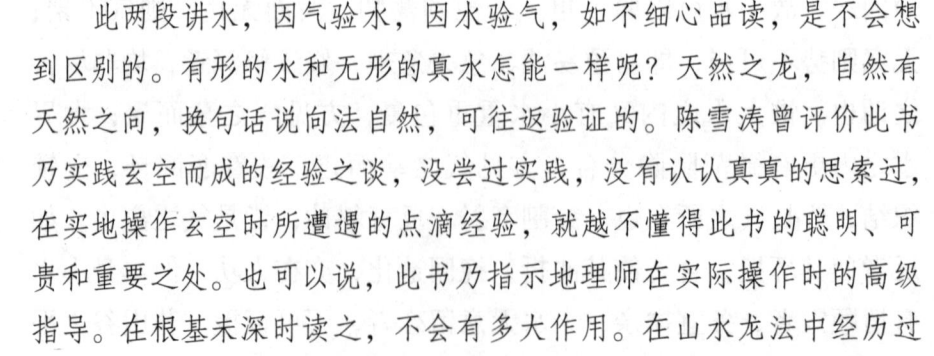

此两段讲水，因气验水，因水验气，如不细心品读，是不会想到区别的。有形的水和无形的真水怎能一样呢？天然之龙，自然有天然之向，换句话说向法自然，可往返验证的。陈雪涛曾评价此书乃实践玄空而成的经验之谈，没尝过实践，没有认认真真的思索过，在实地操作玄空时所遭遇的点滴经验，就越不懂得此书的聪明、可贵和重要之处。也可以说，此书乃指示地理师在实际操作时的高级指导。在根基未深时读之，不会有多大作用。在山水龙法中经历过七、八年经验者，读之、思索之，才能起真的指导之功。

轻狂者读之，自会轻而忽之；学养深者，自会体味出章仲山辑集的前贤经验，有极深的妙理。越是经过思考和阅历越足，便越会知道此书的重要。

随地取裁

看地，非独心法变化无穷，即眼法也须要活泼灵动，断不可拘执。

如九华山、天目山、句曲山，都是老龙干气，寻得龙穴砂水，件件合式，大者开家族，小者不过丁财而已。如苏杭、湖松脱劫龙，稍有一样可取，鼎甲科名，连绵不绝。若拘固定法，觅地更难矣。即脱劫龙亦有老嫩之分，如苏州之羊山、猫山、鹿山以及狮山等诸山，色泽、神气、土色都带干枯，即是脱劫，亦不结大地。如洞庭七子、天平山及常熟虞山、无锡惠山、江宁钟山诸山，神气色泽土色滋润，犹花木一般，节节开花，枝枝结果。

诸山亦有老嫩背面之分，断不可拘拘，故曰随地取裁。

【白话注解】

此篇主要是论龙点穴方法，这也是章仲山经验多的总结。

移步换形

稍移则形象更换，形象换，吉凶不一，势所必然；全在未立穴以前，格定方位，细察星体情形，合吉则用之，不合再移，移到干支方位、山水情形都合为是。断不可脱龙脱脉也。

【白话注解】

此言虽审察山水形势，仍须依换星吉凶而定其可用不可用。有消砂纳水的作用，最后一句，叮咛不可脱龙脱脉，是谓移步换形时，极须注意排龙，若移至龙神不吉之位，则形佳星吉也会本元受损。做学的方法。

种植方知

高山、平阳、平冈种植，士人必择物土相宜而后种植。

如种地黄、山药、山茹、葡萄、生姜、百合等等，必择沙土而兼潮湿者；如种松及竹，须择浮土而兼高燥者；如种杨梅、桃李、花菓，亦择沙土而稍带松湿者；如种栗，亦择砂夹土而兼松散者；此亦观其所植，即知土色干潮，此亦远望之捷法也。要之，木质坚细者土必坚细，木质粗松者土必粗松，此亦物产之自然。

【白话注解】

这是一种靠种植树木所长的形状，来判断土质的办法。阳宅则不必论土质，以阳宅纳气与阴宅乘气不同故也。寻龙点穴的方法。

看地至要

平冈平阳，看法与山龙一般。

第一先看神气土色，第二要看龙身活泼灵动，第三要看界割清切，第四要看四面照应却有真情顾穴，第五要看过峡起伏，第六要看堂局水气止蓄团聚，第七要看下砂关拦有情有力，第八要看八方平顺，第九要看穴情真的，第十要看砂水相称、穴情隐显偏正，然后再言点穴立向之得失，若果能如是样作，误人之过，自少矣。

【白话注解】

这是章仲山看地的十种经验，在此处全部泄露出来。虽然简单的一句话，但是无所不包，至精至微。真为看地至要。

得气所生

大凡发地，冢上都生树木，其所由来，亦由用法所得之气而生者也。

如海宁陈氏祖坟冢上生檀树、常州吕状元祖坟冢上出椐树、上虞沈侍郎冢上生松树、宜兴崔氏坟冢上出朴树，以上所生树木等等，必由向首所得之气而生，诸家位至极品，族盛丁蕃，富贵不歇；惟冢墩上天生树木，得气所生，故不可伐，伐去伤丁，势所不免。余友姓姜名坚，号实夫，祖坟在江都北门外，冢上生谷树，大有数尺，姜公因谷树中空，择吉砍去；道光十年冬季，兄弟四人少丁都犯血症而死，此乃伐树之故也。余恐人家将坟冢上树木乱砍，故特志之。

【白话注解】

这也是经验之谈，据说很灵验，传说清朝祖陵上的老榆树死后，清朝的天下就慢慢衰败了。这种树以自生自长的更为灵验。本家祖坟上因风刮倒两棵自生杨树，一月后有两人染重病。

四大承气

地理有四大承气法，土承积、木承风、水承气、石承煞。

凡有煞气照见，断不可堆做石工等，石能招煞，故忌积石。水惟止，能止众止，龙气遇水而止，坟地故贵乎得水；大凡坟地有凹风吹着者，忌种树木，因木能招风，山地更甚。故忌。积者，高也、厚也；坚细而有光彩者谓之积，故择土贵坚细而有光彩者也。

【白话注解】

地理以藏风聚气纳水接脉承气为上，有四大承气法。土承积、木承风、水承气、石承煞。凡有煞气照见，不可堆做石工石能招煞，所以不宜随便推砌古墙。清朝雍正时期有梁天来七尸八命冤案，即缘梁家营建石屋，结果为仇家所焚，满门丧命，此即推做石工以致招煞之一例。坟地故贵得水。然而也须要视水之星辰以定吉凶。坟地怕有凹风吹，忌种树木，因木能招风，风能散气，若风对煞方而吹，反而不忌。唯屋之形制须为出煞。择土贵坚细而有光彩为好。阳宅择地虽不如阴宅之要，但填坑而成之地，究不如平地这能得气。至于填垃圾之地则更可谓秽土。

凡凹风，就是风口，就是低平之处吹来的风！它有大小、宽窄之不同，大者为金龙之气，深窄者则为杀气，近山之阴阳宅关系尤重，若消纳合法，凹风可催丁、催财、催贵；峰则须远而秀，为秀气，收拾得宜，则主文贵。《宝照经》云："玄机妙诀有因由，向指山峰细细求，起造安坟依此诀，能令发福出公侯"，则定穴之法，已在凹与峰之内点，峰若粗而近，不合消者，则为杀曜，如凶徒执棍以击我，是为仇敌，凹杀如毒气以伤我，阴地当其杀，必翻棺复榔，阳宅或火、或蚁、或怪，丁财则败，久必绝人烟，不可不重视！现说明凹风带来的吉凶，大家认真领会其意：壬子风吹，主疯癫，中子受伤；艮风吹，主贫穷，少男受伤；震风吹，长子受伤；巽风吹，主出近视，长女受伤；丙午风吹，主吐血、白碍瘴、癌症；坤风吹，伤老母；兑风吹，伤女；乾风吹，伤老父。如：一阴地，癸山丁向，如震风吹来，多是长子受伤，余类推！

四时看法

天时雨阴，松土砂土浮面，为雨所润，最为难看；然土虽滋润，必带潮湿，所谓剥皮者是也。天气严寒，雨雪浓霜之后，粗松浮土必定冻酥，不必粗松浮土而然；即气薄砂体潮湿之地，无不皆然。

四季看色之要，有气有神者，春初草必先青绿，无气无神者，草必迟发而早凋，秋冬九十月，衰草如老年头发一般，软而色淡，枯而无神者，定然无气。看者地土粗松，多生粗根，根深之草木，如夏秋多生蕨草葛根之类。石多土少，定出拳曲之木，此亦理之必然者也。

【白话注解】

四季看色之要，有神有气者，春初草必先青绿，无气无神者：草必迟发而早凋。秋冬九十月，衰草如老年头发一般，软而色淡，枯而无神者，定然无气。看者地土粗松，多生粗根根深之草木，如夏秋多生蕨草葛根之类。古多土少，定出拳曲之木，这都是作者检验地脉的好办法，可谓传心之言语。

东南西北为四方。春夏秋冬为四时。四时之气，与四方之位，有密切关系者，人所不知也。兹姑以风之方向喻之，春夏宜乎东南，秋冬宜乎西北，何以人所共知，此性理也，顺此则晴，反此则变者，人亦所共知，此性理也。知方位时令之动静合不合者地理也。合则吉，不合则凶者，地理之峦头理气如此。易曰吉凶悔吝生乎动，性理之动不动，人所共知，地理形气之动不动，人所不识。山静则气静，水动则气动，地理以风水为言者，指气之至动者为言也。杨公养老看雌雄，山为雌，水为雄，一阴一阳相对为言者，地理也。山峙水流，山高水下，人人得而辨之此性理也。山水体态，禀气善恶，无人得而知之，此地理也。近朱者赤，近墨者黑，习染之性理也。乘风则散，界水则止者，乘气之地理也。形气性理之关乎人生，大矣哉。

温寒暑湿燥火，四时之六气也，顺之则休，逆之则咎。喜怒哀乐好恶欲，人之七情也。中节则休，不中则咎，此皆气之所感，与情之所动也。人事之得失，地灵之所感一也。瘠土之民与沃土之民，习尚不同者，地也亦气也。人身托之所，习于善则善，习于恶则恶，其所感者气，其所葬者，地吉则吉，而凶则凶地也，遗骸似无所感，情所感，气所应也。经曰气感而应，鬼福及人是也。先人之遗骸，即不受风，又不受水，则阴灵自安，子孙自福，理所必当。若生而处屋漏之所，居实湿之地，物必易朽，精神不安，身心多故，亦理所必然也。阴阳一理，生死一道，性理安，则地理自合，世有谪之不重，弃之不求者，察于性理之理，以求地理之理，处于父兄地位者，当知为言之不处矣。

天池考验

山顶上有池水，谓之天汉，又名天池；山下有真结，上必有天汉，不拘山之大小。

干龙起顶，将近结穴处，顶上定有此水，此亦阴阳自然之理也。苏州范坟上有池三个，宜兴龙池上亦有池三个，江阴香山山虽低小，顶上有池七个；扬州甘泉山顶亦有池，其味甚甘，故名之。江宁保山、钟山顶上都有池，钟山下有明太祖孝陵在焉，保山下有方氏祖地在焉；此水是天地精灵之气所结，最为尊贵。

【白话注解】

天池水是天地精灵之气所结，最为尊贵。方孝孺被诛九族，故知非有天池即吉凶，仍须论排龙安星以定穴也。

天池水者，乃高山顶上有池水也。以其高在山巅云汉间，故曰天池。《龙经》云："高山顶上有池水，两水夹得真龙行。问君高顶何生水，此是真龙楼上气。楼殿之上水泉生，水还落处两边迎，真龙却在泉中过。"又有平洋龙身有湖，亦是天池。龙行过峡断处有池，亦谓之天池。是不可必拘于高山顶上之池方号天池，盖在龙身上者，皆谓之天池。如不在龙身，则为池塘水矣，岂可天池名乎？峡上左右两池，脉从中出，谓之左侍右卫，亦名养荫水。廖氏云"龙上如生两池水，养荫斯为美"是也。亦有一畔有池，一畔无池者，《经》云"也有单池在旁抱，单池终不及两池"是也。天池一名天汉，一名天潢。《经》云"池平两水夹又清，此处名为天汉星。天汉天潢入阁道，此星入相居天庭。"蔡文节公云："龙带天池，则有贵气而绵远。"故凡龙身有此池者，其所结作，力量甚大。但须四时水注为美。若或忽然干枯，败祸立至。诗云："山顶天池人少知，周回深阔最为奇。能盛天池荫龙脉，盈竭犹能验盛衰。"又云："平坂天池大且深，真龙脉盛故凝成。四时融注极荣贵，一旦干枯即败倾。"故天池或平浅，乍有乍无，亦不为吉。诗云："天池之水浅而平，乍无乍有或欹倾，此湖不敢言奇异，富贵难凭只守成。"是以凡天池之水，宜深注而四时不涸为佳耳。大抵真是天池，则其水自然深聚澄凝，四时如一，罕有涸竭倾枯之患，知者宜详审之。

心眼指要

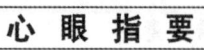

土在是，穴即在是

探土，有山地平洋之别。

山地看准龙脉入首，有穴情疑似者，必探其土色可否，然后点穴，方不至误。土必变色，四色、五色，坚润为妙；平洋探土，第一要开下四五寸即见吉土为佳，次要左右近界两傍黄土要深，深则方见吉土之起处为是。如龟脊牛背之形，及开下一尺二尺见黄土者，即有潮湿之患。

【白话注解】

寻龙点穴的一种做法，作者的经验之谈，此论仅宜用于阴宅。

用土色辨龙。可称为一种捷法。龙有老嫩。有退卸。有穿变传换。则又不可专以上色论。五色以青为上。黄次之。赤次之。白又次之。黑土跷确粗梅。无所取。世人要白土者。以其枯散耳。却有二色。有枯者。有润者。此当于干枯滋润疏散稠粘间。更加精别。凡遇龙有星辰穿障。但土色不好。恐是老龙未经退卸。或前去一二假穴。气脉不断。闪蝉别去。则必退卸变换。而复穿落传变。或再变。或三四变。或五六变。愈变愈秀。愈换愈贵。或中间土色变换已好。前去又复顽黑。此是龙气已绝。反不堪用。故土色亦解误。人不可不察。

张子微既以土色教人辨龙。又恐人无圆机。反为土色所误。以土色不好而弃好龙。或以土好而无吉穴。故又谆复如此。其为后人虑。可谓深且远矣。

青州白土山龙脉。世俗相传云齐王墓。盖战国时有齐王葬此地。今不复考究为何王之墓。止以龙气论之。初起水星。是白土山。无草木。传作白沙冈。凡六七里。以龙法准之当弃置。然白沙以往。穿变白石小阜。而两翼平冈犹是白沙。又落湖田。为旷野七八里。没为青泥之杀。其外起三阜皆黄土。又落平冈。土色皆黄润。焦脉过处。两湖夹出。复成小阜而断。忽于草坪中起五色石板。高丈余。形如凤翅。日光照耀。文彩璀璨。又起五阜。屈曲联珠。不成大山。而落之玄平冈。走如龙蛇。开如撒网。再收敛小脉过度入首结穴。此真王侯之地也。大抵平洋大地多是龙行地中。今以间出石色考之。则白土白沙之地。必有白石骨在下。人所不见。不然沙地无龙。又何取于斯耶。以见土色不佳处更宜踏逐。恐有伏龙藏脉。未易轻弃耶。此龙天造地设。使真龙行脉隐伏不见。以俟有德有缘者自然遇合耳。

秦俑锦堆山赤土龙脉，赤土龙。水星落下作赤土山。其联如珠。上止生浅木而疏。远望如锦。红绿相间。术家呼为锦被盖钱堆。此处地名。亦曰锦堆山。

忌动朽棺

太平日久，山地非旧时真面目者居多，不可不加意细察。张氏祖坟卖为李氏安阡，不数年，李氏坟又改为别姓，更换一姓，堆做一回，故曰，非旧时真面目也。选坟茔每每逢着熟地，都由心眼粗疏之故；轻易动人朽棺腐骨，并有遮拦别姓坟墓之向道，以至败绝。并有不顾人之可否，因有小利可图而不顾人者，种种弊端，罪不容诛，为将来者戒。

余于道光丁亥年冬季游吴门，见西跨塘之西有吴氏坟墓，乙酉年八月新阡，葬时动了无主枯骨无数，地师即于是年死绝，吴氏不及二年亦绝，此动人枯骨之报也。

心眼指要

大凡择地安葬必先积德，地有吉凶，德有厚薄，德薄者葬凶，德厚者葬吉，此乃天地阴阳自然之理也。无德者欲葬吉地，本属妄想；还要动人枯骨，妨碍别人风水，天降灾殃，非绝而何！如常熟虞山、无锡惠山、常州茶山、苏州七子，坟墓重而又重，迭而又迭，犹如阊门支廛一般，开凿金井难免不重复，稍见砖灰等信，理当让一棺两棺地步，冢墩坍塌，随时堆好，在有气脉处另寻吉地以安其祖父，方为尽善尽孝道，否则数百年之后，难免别人又来动你祖你父之棺椁，理势之所必然者也。

【白话注解】

《三元总录》上讲凡是在下葬的地方，往地下挖土，见到久远年代以前的骨骸，在这种情况下，如果再选另外的地方下葬，会有灾祸。将久远年代前的旧穴变成新穴，则家内的人会没有福气。在下葬时，要藉地五尺深，葬下是不会有什么事的。前人曾讲过，一人所立的地下会有几具尸体。自古以来，没有不衰败的国家，没有不衰败的坟墓，都是由数而定。为保险，还有一种做法为，另在别处择地安葬，但一定要把原地留物掩盖好。

曾葛溪曰："图葬旧穴，惑之甚也。尝见一旧穴，虽前已发大贵，子孙不肖鬻之，凡三易主，葬二百余年，卒无显者。人但指而言曰：此某氏祖冢，徙埒卖与某氏。不利，又转卖某氏，皆不利。即此可知，旧穴无重发达之验。又有葬后风迁水易者，难以殚举，竟未闻葬旧穴而获福者。况凭福恃势，发他人之坟，诛其用心，已不为天所佑，地何能福之哉？且地脉初兴，如火之始然；及其既败，如灰烬已冷。欲于冷灰中求炙手热，决无是理。此古人谓图葬旧穴，如求嗣续于鹤发妇人耳。"按：葛溪所论，诚皆切当。盖人子求地葬亲，当先修其德。谋葬已发之穴，徙人之亲而葬其亲，伐人之冢而为己冢，忍心害德，莫此为甚，纵得地理，天理何在？予尝谓：人人难保百年坟，徙埒重扦太忍心。莫道天公无报应，后来还有伐坟人。求地者宜知所戒。

关系非轻

医家不尽心力，心眼不到，误投药饵，药杀一人；堪舆心眼不到，误阡坟墓，绝人一门。关系如此，可不慎哉！可不慎哉！

【白话注解】

医术不精，药杀一人。堪舆心眼不到，绝人一门一宗。关系如此，不可不慎，以伪术行走江湖者，为人相宅，亦能令人倾家。而当时为其相宅之俗师，尚大卖广告，俨然大师也。于心何忍哉。

初葬合葬异同

新做坟墓，只要考虑到山向、水口、立穴、定向，用法之得弗得耳。

老坟上附葬，有冢自有八方，先要看在何方何位，流年时空利否，即合葬也要推算得失，比初葬更要小心。为何？初葬是初葬之时，合葬是合葬之时，阴阳颠倒，竟有大相悬绝者，可不加意细察乎。

【白话注解】

同一元运内合葬，尚无太大问题，元运一改，一合葬坟即为改运所葬，故当时的定向未必仍合现在的元运。阳宅加建也为同一道理。一定要慎重对待。《三元总录》上有不满一年不合葬，葬必犯重丧一说。请看古人关于初葬合葬新坟远坟的精彩问答。

古人问：发富发贵，为贫为贱，或贱而富，或贵而贫，或富贵而夭绝，或贫贱而丁寿，是形势使然？是理气使然？

答：形势理气俱有之，山水得运则富贵，山水失运则贫贱，固属无疑，其贱而富者，必远坟非地，新坟得地，故也；其贵而贫者，必山龙得运，向水失运，故也；其富贵而夭绝者，必旺运已尽，煞运管事，故也；其贫贱而丁寿者，必地本非地，而向水得令，有吉无凶，故也。

问：凡人之祖坟非一代，代非一穴，每见发福者，或谓其远祖得地，或谓其新坟得穴，古今聚讼，将何以决疑？

答：远坟所主者，生贵之地，新坟所主者，催贵之地，只看人有品貌非常，学问渊博，而一生不遇，乃远坟有好地，能生此人，而新坟无好地，不能催之也，有骨格丑陋，才识平庸，而遭逢意外，乃远坟无好地，仅能生此人，新坟有好地，极力催之也，倘其人品学相副，遇合又奇，告知其人必有数代好坟，不待登山而后知之也。

问：理气既有长短，将毋限满即便败绝？

答：地有南北之异，其绝与不绝，亦有异，如南省山龙，一山只扦一穴，倘龙水运败，则竟败矣，若另葬一得运之地，则又转败为兴矣，如北省平阳龙，穴情宽大附葬多棺，倘正穴龙水交败运，其附葬于左右者，其穴内所受龙水之气，移步换形，与正穴之龙水，亦有异，其兴其败，当于此中推测，不得拘泥。

问：每见北省富室多悠久，南省人，富不五代，当于何处决其异同？

答：是不难，北省地平旷，按昭穆可葬多棺，得一吉地，故数代富贵，或房同时富贵，南省山龙，结穴于窝钳乳突，其小者，仅可容棺，稍偏，必侵界水，势必一代之后，另扦一穴，得地则可，否必败矣，故南不如北，地势使然，理气原无别也。

心眼指要卷三

太平　孙竹田　著

论堪舆之道

堪舆之学，本是性理之一端，非深明经史的人不足以知此。无奈世上的人安于固陋，不甚追求，而把它视为奇术，甘心受欺；有不择吉凶听之天命的；更有漫然不信此道说无此理的，种种尘劳，同归愚劣，可胜叹哉。

今此书返本穷源，追根刨底，言极醒明，豁然开朗，欲于天下仁人孝子打破堪舆的疑团，浩浩荡荡，洒洒落落，相对与养生送死于先天化日之下，不堪为操觚者赠也。葬埋之事，所以安死者，不是为福生人。死者既安，则生者自福，不必更生妄想于其间也。今之术家胸无实学，专以祸福动人，为一时取利之计。主家惑之，有以亲骸为邀福之具，迁移不停者；有视为畏途，停棺累世不葬者；更有愚蠢无知的，因贫病无聊，认为亲骸为祸根，烧毁抛弃者，这些都是祸福之说所导致的。鬼神有知能不阴夺其魄也。今写此书讲明明葬理，理明则疑释，疑释则吉凶判然，洞若观火，自然头头是道，而无风、蚁、泉、石之患。若不想穷理而只考虑祸福的人不必观此。

安葬这回事始于中古，河洛出、八卦画，仰以观于天，俯以察于地，于是识山川之情，更征之以人事而得其义。其义云何，曰寻得一点生气而已。生气所聚，内蕴精华，其土细密，腻如团粉，葬之者安，得之者昌。但是生气可识别吗？是可以的。气本于天，质成于地，天有阴阳，地有刚柔，惟柔故生，惟刚故杀。山体刚，刚中取其柔以为生之机，犹之一阳动于坎中而万物始生。此生气之义也。

观图而知象，观是书而知点穴之法。窝、钳、乳、突，穴之象也；盖、粘、倚、撞，点穴之法也。更有做法中之法名叫理气。若能立向消纳，承气收水，莫善于理气。理气者，即大玄空五行，分理三元九运，运行迁谢之气也。若能够这样做，峦头理气则无所不当矣。

窝

窝者太阳之象也。阳生阴中，外刚内柔，宛然藏蓄。旁有范围，前有气口，真气内注，穴宜深取。然有阳必有阴，有真必有假，辨之既清，方知取舍。

窝形圆整，轮弦明白，中有肉地，肥嫩细软；前有气口，以显情性，美穴也。其两掬环抱如拱手样者叫"合口窝"。两脚掬开如畚箕样者曰"开口窝"。窝中肉地，又有出气进气之不同。其肉地微弦向内收入，如人之吸者曰"进气窝"；向外吐出如人之嘘者，曰"出气窝"。进气窝点穴宜上弦，出气窝点穴宜下弦。

凡窝中肥大圆满可容三五穴或至十数穴者，可尽其量而阡之。若窝大而深阔，其中肉地或不能满，则窝上必有一脉微起如额，或自边自角注入窝内，拖出嫩肉，则紧接而阡之。若见肉地沿边吐出肥厚者，则气已下注，穴宜阡出。窝大而有肉吐出复起瑰突成穴者尤妙，此龙气旺极之所结也。山势上聚，吐出平坡，窝弦一边勾转作案，内有肉地明白者，曰"边窝"。横龙贴脊勾窝亦然。

龙来成窝作穴，而中无肉地者，则气脉必化于弦上，平坦肥嫩，下阴上阳。穴阡弦上，然以肥嫩为要。稍带枯老即是空窝，阡之必绝。

又有窝体偏斜，而轮弦肉地明白者。与正窝同。又有两窝三窝并立，或相背如鼎足，但中有肉地。阡法如上。阴窝轮弦不明，或陡削如洞壑，中无肉地，陷如漏槽，此纯阴之象，生气不注之处也。故古人称之为空窝、冷窝，不可下穴，下穴之后主绝人。

【白话注解】

穴之形体，变态万状，不一而足。但不过阴阳两字，曰阴来阳受，阳来阴受而已。其为形则凹凸是也。阴中有阳，阳中有阴，故细分之理有太阳、少阳，有太阴、少阴。表现其形则窝、钳、乳、突是也。葬乘生气，其形始真。但在古代常说在天成象在地成形，所以有了百物形象之说，使人眩惑心目，杨筠松穴形四格，窝、钳、乳、突以论形，则庶几守约尽博，易简之理自明。

窝形之穴，即廖氏开口穴，也有称窟穴。《葬书》云"形如燕窠，法葬其窝，胙土分茅"是也。凡曰鸡窝、锅底、掌心、旋螺、金盆、铜锣等形，皆窝穴之异名耳。乃穴星开口生两掬者也。平地高山皆有之，而高山为多高山以窟为真，平地以突为真，故高山多。俗亦名仰天湖格。除星体另论外见穴星卷，而窝之为形，凡四格：曰深窝，曰浅窝，曰狭窝，曰阔窝。皆以左右两掬均匀为正格，左右不同为变格。而各有二体：一是左右交会，名曰藏口窝；一是左右不交会，名曰张口窝。四格之形，又各有俯仰不同。身俯则须窝中微有乳，穴就乳脉安扦；面仰则须窝中微有突，穴就窝心突顶安扦,此为最吉。廖氏云"凡开口之穴,灵光合聚于中,余气分行于外,雌雄相顾,血脉交通,所以谓之吉穴"是也。惟要弦棱伶俐,两掬弯环,口中圆净,窝内冲融;切忌落槽,最嫌偏陷。《经》曰"窠形须是曲如窝,左右不容少偏颇。偏颇不可名窝穴,倒侧倾摧祸奈何"是也。又有懒坦、空亡、崩洪、破陷,谓之假窝、虚窝,务须详辨。如误下之,主淫乱少亡、贫穷绝嗣,不可不慎。若后龙真的,入首明白,星辰合格,证佐分晓,此穴至贵。

藏口窝穴　　　张口窝穴

凡左右两掬交会者名曰藏口窝穴下做此

凡左右两掬不交会者名曰长口窝穴下做此

窝形四格:深窝、浅窝、阔窝、狭窝。

下左为深窝图。此深窝者,开口中深藏也。然窝既深藏,不宜太深坑陷,须是深得其宜。惟窝中有微乳、微突者,谓之阳中有阴,虽深不忌。若无乳突,切忌深陷。又须窝中圆净,弦棱明白,两掬弓抱,方为合格。若窝太深陷,又无乳突,弦棱不圆,左右偏颇,即是虚窝,不可下也。

上右为浅窝图。此浅窝者,开口中平浅也。不宜太浅,太浅则

不明。须是浅得其宜，如金盘，如荷叶之类，而又窝中弦棱明白，两掬弓抱，方为合格。若窝中太浅，弦棱不明，懒坦无情，则非真窝，不可下也。

下左为阔窝图。此窝形之阔者，开口中宽阔也。窝既宽阔，不宜太深，须左右交会。要窝中有微乳、微突，就乳头突顶安扦，方为合格。不然，多是空亡虚冷之窝，气不凝聚。又须窝中圆净，弦棱明白，两掬弯抱，乃为合法。若窝形太阔，又无乳突，弦棱不明，左右偏颇，或两掬不交，则不可下也。

上右为狭窝图。此窝形之狭者，开口中狭小也。窝虽狭小，亦要相停，不可太狭。太狭则恐开口不真。须是狭小得中，如燕窝，如鸡窝之类，而又窝中圆净，弦棱明白，两掬弯抱，方为合格。若窝中太狭小，口内不圆，弦棱不明，左右不抱，则非真窝，不可下也。

以上窝形四格之图。其中左右两掬均匀者为正格，左右两掬不均匀者为变格，不在此多说。

关于窝穴的名地有很多，在此列举一二：

右地在吾邑南门外，与县龙分脉后，起五星聚讲，开帐入局，又大断过脉，列芙蓉大帐。帐中穿心出脉，垂落清秀。入首结开口仰天窝穴。窝

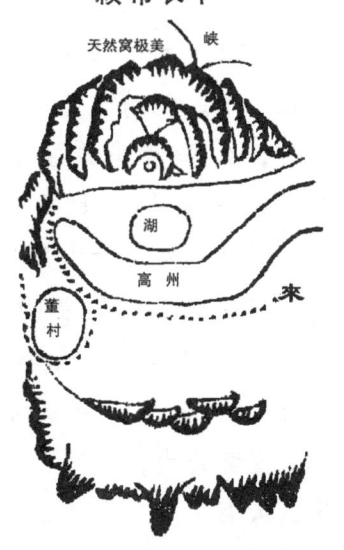

心眼指要

中圆净，两掬均匀，口中平坦，左右重重包裹，前朝秀丽，明堂融聚，水城绕抱，水口关锁，系艮龙，扦丙向，俗传仰天湖，赖布衣下。后余低出朝议大夫，数代清贵，至今福祉未艾。朱国本问曰：余氏此地，分干大龙开帐，穿心中落结美穴，明堂、龙虎、朝对、水城、水口，无一不贵。艮龙丙向，又合天星。赖公所下，葬法又善，宜其贵列三公。乃仅止此，何也？儗仙曰：善哉！问此地龙穴、砂水俱上格，葬又合法，而贵不穷显者，有二缺焉：少余气，无曜星矣。吴公云："余气不去数十里，决然不是王侯地。"杨公云："龙真穴真只无曜，空有星峰重叠照。"故大贵须有余气、曜星。此地缺此，《葬书》谓"十一不具，是为其次。"此地是也。

　　右地在泰宁，土名洪港口。其龙乃南干正条，穿草坪峡后，少华大旺处，分正脉一派，巍峨广袤，绵亘纡盘数百里，皆极其高大，非足力所能及。一枝一叶，亦甚长远。入局起涨天水星，横列十数里。帐之中垂落一脉，欲断不断，复顿高金，贴在帐下，圆满光肥。两畔帐带，如垂丝串珠者数十条，护从繁华。于高金星面，微开小窝，于上聚处结穴，弦棱伶俐，两掬弯环，窝间平坦圆整，不深不阔，宛然如燕窠，仅可藏车隐马。龙势雄大，穴情巧小，真贵格也。不假外山包裹，穴自周密藏聚，天然可爱。穴前又平坦数尺，下注嘉泉，广不盈亩，四时不涸

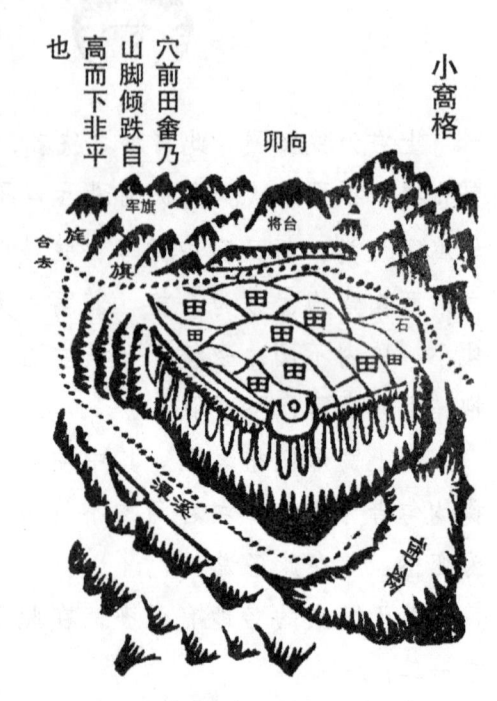

小窝格

穴前田畲乃山脚倾跌自高而下非平也

卯向

庚龙，酉山卯向。珍珠凉伞盖交椅形，嶁头案。

不溢。此池即内堂也。堂之前一山，近可攀摘，秀媚方平，不迫不欹，整然端拱。穴间惟见此山，其外洋及左右一切山水，俱所不见，恬然安静，如坐密室。而后坐大帐，高贴有力，不啻端居帏幄之中。俗传"珍珠凉伞盖交椅"形，幞头案，诚切当矣。从而检点，外面诸山，重重叠叠，拥护罗列，合沓暗拱，有万卒影从之势。混港，洪港两溪夹送龙身，交会于五里外。水口诸山，皆大龙交缠。但穴结山腰，下铺田畲，余气甚长，不免顿跌，势似顺局为异。然山势高大，穴虽高，犹是山麓间。而登穴夷坦藏聚，不知为高，亦不知有外面倾跌之患，此所以为美也。但离乡而贵，亦职此故尔。然龙势牵连，煞气未净，高金结穴，又是武星。金旺于西，以庚脉入首，作卯向，宜其贵皆以武功。且正干分受，钟山川正气，主忠贞而悠永不替焉。旧有记云：混港东，洪港西，里有池塘外有溪言二水夹送真龙，而结穴处里有泉注，外有溪送。一如龙子去寻母老龙抽嫩枝，盘桓眷恋，又如龙母去盘儿大山包裹，小山结穴。远看山断却不断，近看子母不相离穴星贴大帐中。满床牙笏浑闲事，百万军声唱若齐言贵之多皆以武也。今乡传为杨筠松益避巢乱，过此爱之，求以葬母。后其孙有为麟州刺史者，值时乱，天下分南北，莫能归，遂居太原，世为边将云。即杨无敌等，亦莫考其寔。

按：是地山势麓雄，不见脱卸，而煞气未除。兼以僻在万山中，局甚逼窄，无龙虎明堂，不见外洋，不入俗眼。只是穴情一小窝可受，所谓璞中之玉，非哲师莫辨。

传说杨无敌，宋初太原人。父信汉，麟州刺史。无敌名业，事刘崇，屡立战功，时号无敌。太宗征太原，业劝其主继礼降，以保生众。太宗召见，以业为代州兼三交驻泊兵马都部署，屡与契丹战，被擒，不食而死。业不知书，忠烈武勇，有智谋，与士卒同甘苦，故士卒乐为之用。子延昭，太宗时以崇仪使知保州，屡败契丹。后为商阳关副都部署，智勇善战。契丹惮之，目为杨六郎。昭

心眼指要

子文广，从狄青南征，为广西钤辖，知宜、邕二州，英宗称为名将。屡迁兴州防御使、秦凤副总管。后徙定州，迁部军都虞候。辽人争地界，文广献阵图，并取幽、燕策，未报而卒。其后世为边帅。

右地在丰城县，土名尧坊筲箕窝，乃陆氏祖墓。

其龙起自真军脑，冲天火星作祖而来。迢递至尧坊，脱卸平岗，左栖右闪，逶迤活动。将入首，顿起走马金星。数节大断，起正体太阳金星，开口成大窝穴格。登穴视之，有似空旷粗大。殊不知逆水涨潮，妙在粗大。穴虽空旷，亦不足畏。下手庙山，收尽洋朝诸流之水，山川相等，四兽和平。陆氏葬后，人财聚发，时通公官侍御。梦麟侍御，梦豹主事；曰应川、曰策，登科甲，福祉未艾。

左下地在乐平县南七十里，土名军山。其龙来历长远，不详述。将入局，平田广野中崛起高山，势侵云汉，绵亘百余里，雄冠一方。峰峦层叠，正脉中出，枝脚蕃衍。入首开大帐，帐中落脉，屈曲而下，走弄如蛇。抽出平岗，贴在边帐之内。复起顶开窝结穴，窝中平浅如仰盘，弦棱圆整，天然可爱。两掬弯抱有情，左臂一山逆抱过穴，为近案，以收大溪之水。隔溪远山朝拱，四势尊严，内堂紧夹，外洋宽畅，诚吉地也。取作渔翁撒网形，卯龙，庚酉向。许氏乐邑右族，而此地又许氏

诸地之首称。廖金精尝赞美之曰："行尽乐平路，无如许婆墓。"诚非虚誉。葬后，自宋元以来，许氏出科第数十人，登仕籍者百余人，且多忠贞节义云。但穴后一水，春夏之交自帐上飞下，如瀑布百丈，乃白刃之象。此瀑布穴上不见，亦不闻声，但自穴后飞下。故国初，许瑗以忠奋死节于太平府。太祖平定寰宇后，论功追封高阳候，是其应也。今人丁蕃衍，富贵未艾。

按：瀑布泉乃如白刃之状，宅墓俱不宜见，即吉地亦有兵刃之应。此水宜居水口间，谓之挂剑水，于内必有大地。如匡庐瀑布泉，乃西江水口也。

吾邑南门外五里，地名长塘。其龙与县龙分脉后，起五星聚讲，入局开五脑梅花账，磊落数节，大断穿田，起串珠金四座。又大断走弄，三星结金星开口，成深窝穴格。窝既深，却中垂微乳，穴安乳头，赖公所下，取曰草蛇吐舌形。艮龙，扦癸山丁向。葬后，余氏连登科甲，富贵双全，迄今未艾。

按：深窝格，窝既深，必有微乳，乃阳中又有阴，方有融结。否则，纯阳无化气，不能结穴，谓之空窝，葬之主绝人丁。但此等微乳，非哲师莫能辨。此地若以山势星辰取形，全不类蛇。赖公乃命形曰"草蛇吐舌"，盖全以穴情取之，其旨微矣妙矣。哲师之重穴如此，孰谓赖氏专于天星而不论形穴哉！

以上开窝穴格，即廖金精开口穴也。姑附此数图，以见其概。夫窝穴为穴法第一格，惟要大小深浅适得其宜，不可太小，不可太大，不可太深，不可太浅。大窝、深窝又须窝内有微乳微突，方有化气。其小窝、浅窝，切有弦棱明白，两掬弯抱，窝中平坦天然，此为融结得真。如太小浅，恐开窝不明，又非真结。务宜细察，不可潦草，慎之！慎之！

钳

钳者，窝之变体。少阳之象也。其形直，有似木星之象。阳动而阴裂，生意出于钳中，真假宜辨。（阳钳）钳顶微微隆起如额而无界水淋头之病，两股肥嫩齐整，而无直硬走窜之病。钳心平坦有肉，而无漏槽倾泻之病。小者秀嫩而不瘦削，大者肥软而不臃肿，方为生气所钟之处。

（阴钳）则反是，不可不审。钳中要有肉地，如虎口中之软皮，肥嫩平坦，轮弦明白，外看如钳，登穴如窝者方妙。钳顶俯下，则钳中吐气如乳。要肥嫩平坦，从轮下吐出方妙。若贯顶直出，尖硬瘦削，则为假乳。乳假则钳亦假矣。来龙勇猛，势不能收，两股斜飞，有似走窜者曰斜钳。与正钳同。盖龙止气钟，自有一种英发处。此当另眼相看者也。侧钳气不中出而旁行，偏股闪出微肉，而钳心反成漏槽。须要龙真脉到，该有止处，细看明白。

或成直乳，则要乳头肥嫩，界水微分。或成横担，则要轮级分明，肉地肥厚。或成窝靥，则要阴中泛阳，肉地明净。方为生气所钟之处。大龙正结，往往有此。此龙强气急之故也。切勿于无龙无气，桡棹之中模糊乱下。

合钳中虚，力在两股，股头含气隆起，块突成穴。后漕虽卑下，无害也。分钳两股拍开似乎无情，然钳中明净与正钳同。又有曲钳、长钳、短钳之不同，俱以其类推之。边曲边直者曰蟠龙，边长边短者曰单提。边单边双者曰迭指，皆钳之变体也。穴多阡弦上嫩肉，不落钳中。

【白话注解】

　　钳形之穴，顾名思义就是像钳子一样开口的穴。凡钳中微有乳，宜就乳头扞穴，忌乳头峻急，脚下落槽（左）。凡钳中微有窝，宜就窝中扞穴。忌漏槽、贯顶、界水淋头（右）。

　　钳穴即廖氏开脚穴也。凡钗，虎口，合谷，夹穴，僎宫，单提、双臂、单股、弓脚等形，皆钳穴之异名。穴星开两脚者，平地高山皆有之。钳形一般有八格，直钳，曲钳，长钳，短钳，双钳此五种为正格。又有边直边曲叫仙宫；边长边短叫单提；边单边双叫叠指。此三种为变格。八格又各有二种体，一是钳中微有乳，乃乳穴之变来者，宜就乳头插穴。要两边界水明白，顶头圆正。切忌乳头粗硬，脚下落槽，左右折陷，元辰直长。一是钳中微有窝，乃窝形之变来者，宜就窝间扞穴。要弦棱分明，顶头圆正。切忌漏槽、贯顶、界水淋头，不可不审。八格之形，又各有俯仰不同。身俯则须微乳，面仰多是微窝，葬同前推。廖氏云"凡开脚之穴，灵光向内而潜藏，余气贴身而护卫，左右或有不齐，上下初无二用，所以谓之吉穴"是也。大要顶上端圆，钳中藏聚，弓脚必须逆水，单股切忌直长。最怕漏槽贯顶，界水淋头，元辰倾泻，堂水卷廉。《经》曰："钳穴如钗挂壁隈，惟嫌顶上有水来。钗头不圆多破碎，水倾穴内必生灾。"吴公《秘诀》云"钳穴元辰多不收，莫教直泻退田牛。明堂融聚财砂遶，定有荣名播九州岛岛岛"是也。又有桡棹之间、枝叶之内、界水之中，多有直钳，谓之假钳、虚钳，务须详辨。如误下之，主退败资财，多出疾病幼孤老寡，随

心眼指要

以绝灭，不可不慎。若后龙真的，入首明白，星辰合格，证佐分晓，此穴最贵。

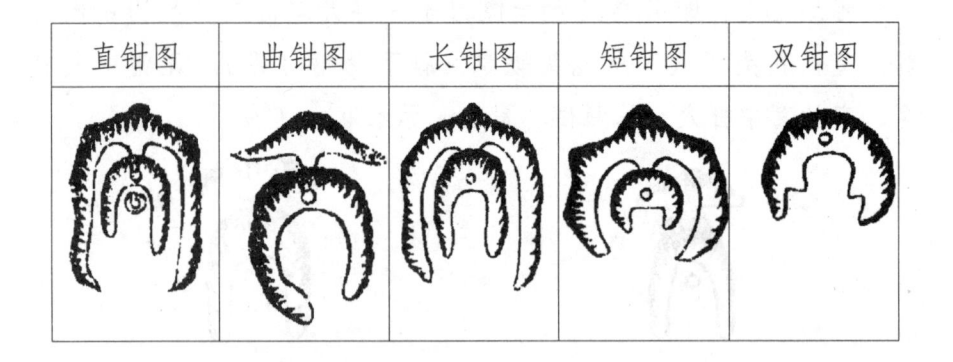

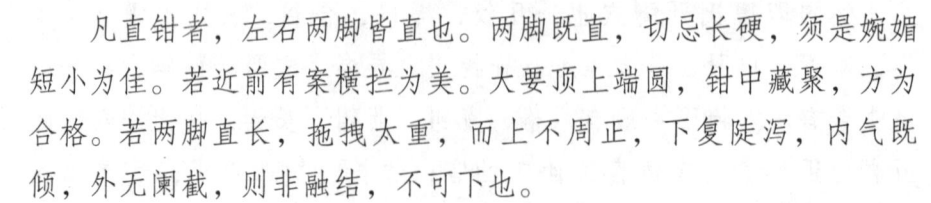

直钳图	曲钳图	长钳图	短钳图	双钳图

凡直钳者，左右两脚皆直也。两脚既直，切忌长硬，须是婉媚短小为佳。若近前有案横拦为美。大要顶上端圆，钳中藏聚，方为合格。若两脚直长，拖拽太重，而上不周正，下复陡泻，内气既倾，外无阑截，则非融结，不可下也。

凡曲钳者，左右两脚弯曲抱内也。两脚既曲，最要弯如牛角，弓抱穴场，左右交牙犹妙。大要顶上端圆，钳中藏聚，方为合格。若两脚虽曲，顶不端圆，界水淋头，则非真结，不可下也。

凡长钳者，左右两脚皆长也。两脚既长，切忌直硬，亦不可太长，太长则元辰直泻，牵动土牛。须是长得其宜，而婉媚为佳。惟近有低案横抱，则不忌长。大要顶上周圆，钳中藏聚，方为合格。若两脚长硬，元辰倾泻，内气不收，外复旷野，则无融结，不可下也。

凡短钳者，左右两脚皆短也。不宜太短，太短则护穴不过，开脚不真。须是短得其中，或外有抱卫，方为合格。若短不护穴，至于漏胎。若外无包裹，穴必孤寒。兼以星头峻急，或不周圆，皆非真结。况短钳之穴，最忌粗大。惟嫩巧婉媚，头面光彩，四应有情为美。若反此则无融结，不可下也。

凡双钳者，两脚左右皆生双枝者也。或三或四以上皆同。但钳多必须交牙为美，否则元辰太长，真气不聚。凡双钳之格，有三体。有左右皆双到者，要弯曲有情，不成相阒。有左右一前一后到者，要交牙弓抱，不相尖射。有内两臂短小者，廖氏谓之夹势。不可尖射，尖射则为夹刃。夹势贵，夹刃凶。宜用工锄去尖利，作马蹄形则吉。大抵双钳，宜左右相护交牙，方为合格。若两宫对射，或闲旷不交，皆非吉穴，不可谓其合双钳而用之也。

　　再次详细说了钳形五种正格，变格还有很多，如边曲边直、边长边短、边单边双等等不在此多说，学者例推之可也。

　　凡直钳、长钳，皆紧夹贴身，入穴抱掬有情。不似龙虎推车，长直无情之比，方为真格。

　　关于钳穴的名地有很多，在此列举一二：

　　右地在京山县南二十里，土名欧家冲。其龙来远，不详述。入局起御屏土星，正脉中落，逶迤数节，到头复束气，起金星，开钳结穴。钳脚掬抱，弯曲有情。下吐余毡平坦，明堂田源之水特朝。前沙天马、贵人、旗鼓、排衙罗列，水口交固，而兑峰卓立特秀，乃催贵之地。王氏葬御史虹塘公，宗茂公女配太史李公维桢，以茂龄膺诰封，是其应也。今福祉方隆。

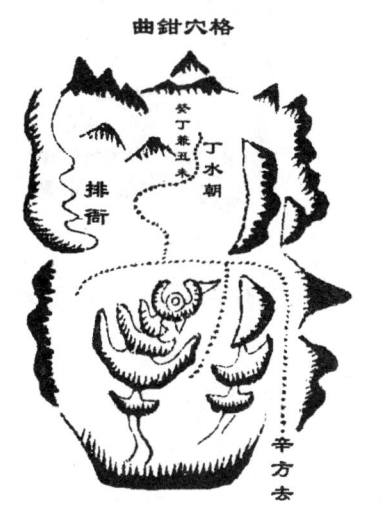

　　凡巽、离、兑三位之峰特秀者，主出女贵。此地兑峰独秀，甲于群山，故女贵应之。

　　下左地在承天府北四十里，地名老人仓。龙远不述。入局平岗开帐过峡，牵连如浪涌，摆折活动。入首成太阴金星，开两钳结穴。顶圆而钳脚直夹，细嫩妩媚。穴下平坦如掌心，四势和平。葬后第四代出端慤公，大节登进士，官至兵部左侍郎，赠尚书。今世宦未艾。

　　下右地在莆田城北一里。其龙分府干旺气，奔腾磊落。入首

心眼指要

起金星，开钳结穴。后坐九华，前对壹山，穴甚尊贵。但两钳既长，前铺余土，壅塞内堂。葬后三代，偶去穴前之土，二泉公澄源即登会魁，官至方伯。今人文济济，福祉未艾。

直钳穴格
外面太湖，登穴不见。

入首亥龙，壬山丙向
有案无朝，内聚外宽

长钳穴格

下一穴黄氏名地，仙人脱履形，亥龙入首，扦壬山丙向。

按：是地龙旺穴秀，撞脉安棺，极善。去其余土，亦天启其衷耳。造化福善，岂偶然哉！

右地在兴化府治南三里。其龙分府龙之旺，磅礴绵亘，气势雄伟。比入首，大断穿田，变为平冈。枝脚均匀合格，结倒地木星节包之穴。开钳明白，两掬微茫高尺许，弯抱有情。穴上吐出毡唇，证佐分晓。明堂融聚，水口一墩，关锁交固，诚美地也。葬后，出梅峰公珩，登进士，官

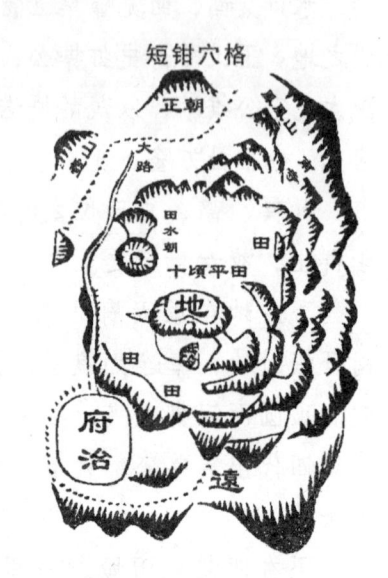

短钳穴格

方伯。子曰士宾，登会魁，官正郎。孙荆坡公九金，以少年登嘉靖戊辰进士，累任佥宪。人才迭出，富贵方隆。

右地在临海县西南五里。其龙发自望海峰左枝，顿起大帐。中有冲天木星，番身转换，抽出水木，连行数节。两畔送从齐来。中脉跌断过峡，有扛夹。再起大帐，落脉做穴，开钳分明，坐辰向戌，乘乾气入首。前案如屏如几，逆水有情。大江横绕，隔江帐山挺然，临江双塔秀异。明堂平坦，又有小水交锁。登穴观之，诸峰逞异，虽俗眼亦知其吉地。盖阳龙阳向，结成阳局，形势雄勇，力量必大，此其证也，孰谓辰戌可弃诸？但要避其金气为妙耳。四金者，辰戌丑未是也。辰有亢金，戌有娄金，丑有牛金，未有鬼金。乘气分金，必避此亢、娄、牛、鬼之度。然天度五行，又有微妙。四金宿间，复有属土属水者，尤为吉度，不可一概谓金气也。故丑未胜于辰戌。辰戌亦有大吉之度，必真传者能知之，能用之耳。此台州王车溪公墓，出五代连登进士。石梁公官太守。曰王宗，会魁、进士，官知府。曰文，进士，官参政。曰冕，乡魁。曰愿，刑部员外。曰璘，进士。曰度，进士、知府。曰胤东、曰亮，进士。福祉未艾。

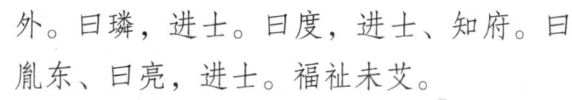

右地在龙泉县东北三里。其龙分县龙旺气，开帐过峡，连起三节金星，即结二穴，皆吉。而右为正穴，乃御史父地。左穴其祖也，曜气发扬，不利初年。葬后稍不吉，三十年后出贵，大旺，主显贵巨富，今福祉方亨。

按：是地也，龙分县脉旺气，开帐过峡，数节结穴，穴情明白，曜气发扬，诚吉地也。左穴力差轻。右为正穴，其葬未久，福祉犹未发越。御史公名元启，号文峰。

乳

少阴之气流而为乳，直吐而出，急如飞矢，利如剑锋，穴之孤刚而难犯者，莫若乳矣。地师爱之，主家信之，山脚荒坟累累如黍，宁不悲哉。此无他，真假不辨之故也。

夫乳刚气也，刚必变柔乃有生意，是故君子于乳穴尤为谨慎。

（阴乳）乳者刚气也，隆如龟背，肿如冬瓜，瘦如竹篙，峻如剑脊，此乳之本相也。犯之绝人。萧客云："时人不识无中有，多向孤阴乳上寻。"即此。

（阳乳）阳乳圆净平坦，肥嫩和缓，如花之蕊，如木之芽，其出脉必低，多在山之足，高者不过山之腰。盖脉低则不犯刚杀，方露生意，断无贯顶直出。贯顶直出者皆砂也。

（侧乳）其或脉高乳粗，刚气直出，其生气必闪出一边，或闪乳、侧乳等穴。

《穴情赋》云："雄粗带侧寻"，即此。萧客云："误葬每因求正面，仙人多是下偏坡"，亦即此。

（闪乳）闪乳者，中乳直硬，不能成穴，生气旁落，别成嫩乳者也，与侧乳不同。

大乳要浑厚肥嫩，有收拾，不懒摊斜窜，方见力量之大。

长乳亦然，宜阡舌根，取其聚精会神之所也。

短而阔者，宜视两翼，必有飞张之势，即禽形懿穴也。飞鹅亦长乳，粗雄阔大则阡粪门下粘穴。又有两乳、三乳并出者，俱肥嫩则俱可下。又有数乳齐出，俱直硬落下，合铺一坪，肥厚圆净，此为合气乳，力量极大。

【白话注解】

关于乳形之穴乳即廖氏所说悬乳穴也。一名垂乳，一名乳头，乃穴星开两臂，中间生乳者是，平地高山皆有之。乳形一般有六格：长乳，短乳，大乳，小乳此四种为正格。双垂乳，三垂乳此两种为变格。六格又各有二体，一是左右两臂弓抱纽会，一是左右两臂弓抱不纽会。盖乳穴最忌缺露凹折，故必有两臂卫区，方为真结作耳。六格之形，又各有俯仰不同。身俯则须脱煞就粘，面仰又宜凑球接脉，不可不审。若后龙真的，入首明白，星辰合格，证作分晓，此穴极贵。廖氏云"凡悬乳之穴，生气凝聚而下垂，灵光发露而外见，两宫具到，一乳正中，所以谓之吉穴"是也。大要圈中舒畅，乳上光圆。最忌两臂无情，左空右缺，折陷凹亏，水穿风射。《经》云"乳头之穴怕风缺，风缺入来人灭绝"是也。又有垂乳而斜曲者，谓之假乳。《经》云"凡是乳穴曲即非，曲是包裹非正穴"是也。盖正中是垂乳，斜曲是山脚，故尔。及有垂乳而粗顽、臃肿、峻急、岐嶒、突露、硬恶，皆谓凶乳。廖氏云："饱肚粗如覆箕様，丑恶那堪相。"吴公云"粗雄臃肿及峻急，斗煞冲刑大不宜"是也。凡此之类，务须详辨。如误下之，主军贼少亡，孤寒绝嗣，不可不慎。

在此将乳形六格即长乳图、短乳图、大乳图、小乳图、双垂乳、三垂乳表现如下：

心眼指要

凡长乳者，两掬中间垂乳长也。不宜太长，太长则脉不活。前辈多以长乳分三停立穴，谓之天、地、人三才之穴，必须要有宛然平坦处，审前后左右四势情意扦点。不可于峻急、直硬强勉凿穴。大要两弓将抱，一乳正中，不敧不侧，不峻不粗，方为合格。若长而硬，粗而峻，如饱肚肿脚，如竹篙，如掷枪之类，则非真结，不可下也。

凡短乳者，两掬中间垂乳短也。不可太短，太短则力微气弱。须是短得其宜，界水明白为佳。大要左环右抱，一乳正中，不粗不峻，方为合格。若太短而急硬粗峻，界水不明，或如覆箕，或如顿钟之类，则非真结，不可下也。

凡大乳者，两掬中间垂乳大也。大近于粗。不可太大，太大则必粗顽臃肿。须是大得其中，不粗不饱为佳。大要左右弯环，抱卫有情，一乳正中，不敧不峻，方为合格。若大而粗，硬而急，肚饱臃肿，阔大懒坦，则无融结，不可下也。

凡小乳者，两掬中间有微乳也。不可太小，太小则力微气弱。又恐左右两掬雄压欺穴。须是小得其中，乳头光圆，左右相称为美。大要两宫环抱，一乳正中，小而不弱，界水分明，不敧不峻，乃为合格。若太小而甚微，瘦弱尖细，左右欺穴，旁山高压，则非真穴，不可下也。

凡乳形变格之双垂乳者，两掬中间垂下二乳也。要大小、长短均匀。可下双穴，福力相等。须星辰尊重，双乳齐垂，左右抱卫有情，方为合格。若一长一短，一大一小，一瘦一肥，一斜一正则非。宜审其特异者下之。若更不周正，势非自然，必无融结，不可下也。

凡乳形变格之三垂者，两掬中间垂下三乳也。要大小、长短、肥瘦相等。可下三台穴。须是后龙旺盛，气势弘大，方结此穴。必要三乳同垂，左右回环，方为合格。若是三乳不均，偏正美恶有异，宜审中乳合格者下之。如中乳又不足观，则非融结，不可下也。

关于乳穴的变格又有很多，不在此一一多说。关于钳穴的名地有很多，在此列举一二：

右地在银邑治南五里，土名桐木坞。其龙来远不述。比入局，开大帐，帐顶起三台，落脉磊落，如群羊出栈奔跃，数峰可爱。入首复大断过脉，转身顿起星辰结穴。中垂长乳，旁开两肩，穴安乳头，不急不饱。前吐余毡，右拖曜气。近案一山，紧关内气，逆收大河。前朝马上贵人，端拱有情。内堂紧夹，外洋开畅。赖布衣记曰："桐木坞中扦甲向，三代郡侯家富旺。"余氏葬后，果出三郡守，曰述先者，其一也。皆守磁州，富盛未艾。

左地在吾邑水车宅背。坞龙入局，连立数峰，奔腾磊落。将入首，大断度脉，转身垂短乳结穴。前吐余毡，后拖鬼星。下臂逆掬有力，大溪环绕。前峰马上贵人朝拱。葬后出念庭公鳌，登进士，官御史，今福祉未艾。

下地在台州府治东南七十里，地名水家洋。其龙来自苍山，厯黄岩，迢递数百里。中间剥换，不及详述。至将结数里之外，如云从雾拥，顿起星峰，横开大帐，重重过峡，涌起御屏。屏中抽出一脉，石骨清奇，尖秀特异，如玉笋，呼为牛角尖。尖下串珠走马，又过峡，顿起太阳。中垂大乳，两肩开翅，亦如唐帽之势。取仙人坦腹形，仙童案。其前朝之山，

心眼指要

乃自数十里共祖分枝，逶转二十里，逆水上奔至穴当前，以为正应。又收明堂之水。其左山亦在十里前共祖分枝，星峰秀异，迭送至穴上手而止。顿起高岩白楼峰，是为北辰，镇塞内水，挺然可怪，穴中不见。其水即左右两源，皆自十里外夹送至穴前小明堂交纽。海潮一来，九曲而入。其大江水大交会，一边天台、仙居、临海三县水会，一边太平、黄岩二县水会。大海门二山，皆在千里之外，至此交会，以作门户。此门即台郡大水口，此地却近门户，所谓"大地多居水口间"者是也。葬后，出太守公庞，登癸丑进士。尚书公宽，登庚戌进士。儒官麟桥。坐庚向甲，贵应庚甲。尚书公甲戌生，太守公庚午生。但庚、酉、辛、甲、癸生人皆贵。且穴星端岩，昌、曲应位，宜有理学名臣、忠孝廉节之应。穴形乳头大，而复开口平坦，做穴奇怪。初葬下级，复迁上级而得真穴。

　　左地在台州府治南三里，土名紫纱岙。其龙发自望海峰，辞楼下殿，大顿小伏，委蛇奔行，有剥有换。比至结穴，作巨门土星。中落一脉，成带福金星，微微开口，却吐出唇毡，平坦百丈。后枕巨门如屏。屏后望海峰插入云中。两畔耸起尖峰，天乙、太乙、四神、八将、三吉皆相拱照。青龙本身一臂包外，双塔挺然，应山远在云霄。下关逆水绕上，又有阴砂弯抱，小水缠于足下，交固周密，真吉地也。其左畔一穴尤妙，盖自带福金星前分落，又复曲行数节，转身做穴。界合明白，而内堂之水至此聚注。前有逆水

下关之山以为正案，近身阴砂弯如金带。乃其始祖葬后，科甲蝉联，乃立爱、立微二公祖也。

下地在南康府治北，土名五里牌。其龙起庐山五老峰，廉贞火星作祖，开大帐，正脉中出，逶迤大断过峡，起少祖山，又开帐连节，星峰顿跌栖闪，穿田度峡，起金水星，展翅飞蛾入首结穴。开钳中垂小乳，伶俐圆净。穴前平坦，毡唇左右弯环掬抱有情。其府治龙，自少祖山分左脉，逆水奔上，缠过穴前，包裹有力。当穴前塌落平田，以献外秀。塌后复起高山，横遶右畔，关锁紧密，以收内气。前小明堂低田仅十数丈。外阳洋澜，左蠡大湖数十里暗朝。前面马上贵人，隔湖端拱。其下白沙山，如褰旗，如横枷，如叩首，如囚奴，伏列于下，真美地也。葬后，出剑峰公陶尚德，登嘉靖丙戌进士，官至刑部尚书。母百岁重封，人丁大旺。

小乳格

壬山丙向

白沙山

大湖

南康府治

龟山

田 田

田 穿田

白鹿洞

五老峰

突

突者太阴之象也，其性坚刚，其气收敛，故其形特地隆起，或圆、或方、或曲、或长，如珠、泡、龟、鱼、蚌、蛤之属，皆阴之象也。阴中泛阳，刚化而柔，乃含生意。如纯阴饱硬穴之绝人，盖乳突之穴皆阴体而用阳，惟取其用，勿犯其体，始称善葬。

（阴突）突，阴象也，高顶、塌脚、饱，而此突之本相，不能成穴者也。时术妄作，开孤取水，未有不败绝者。又有一等，顶虽平而无气口，脚虽卓而不开面，亦阴突之变相，不能成穴者也。其长阜与方墩，俱以此推之。

（阳突）凡阳突其顶必平，后高前低，上有窝靥，前有气口，阴中泛阳乃能成穴。

其轮弦必卓起如覆盘。则气始有所拘摄而不散。不论高低大小皆然。

平面者居多，亦有侧面而有轮级者，其力量大率相仿。

（梭子）横长而腰阔，两头尖者，形如梭子。

要顶平而开面，两头稍杀，脚卓有弦。

生气聚于乎中吁中阔处。

（腰子）横长而两头圆大、腰缺者形如腰子。

要顶平、脚卓，前有气口，则生气聚于凹中，宜阡中凹。

如中凹狭小，而两头有圆唇吐出者，则阡两头。

（蚌肉）横长而脊隆，下铺平坦，如蚌之吐肉。上阴下阳，宜阡其肉。

（并突）横长而两头微起面，平中坦，脚卓。则生气聚于中，形如两突相并。宜阡并处。

（**阴阳并突**）横长而头高头低者，上肥下薄则阡高穴；下柔上刚则阡低穴。

（**品字并突**）又有三突相并如品字样者，顶平阡突；突阴阡肉；如一字样者，穴阡突面。面阴则不成穴。

【白话注解】

山谷之穴要藏风。故山谷之突穴，须左回右抱，切忌孤露受风。卜氏云"山谷且要藏风"是也。

关于突形之穴	突穴图

平洋之穴要得水。故平洋之突，四畔坦夷，亦不为害。但要界水分明，水势注聚，或遶抱为佳。卜氏云"平洋先须得水"。

关于突形之穴也即泡穴。《葬书》云"形如覆金，其巅可富"是矣。凡曰鸡心、鱼泡、鹅卵、龙珠，及夫紫微旺龙等形，皆突穴之异名耳。乃穴星平中起突者也。廖氏云如旋螺，如覆杓；卜氏云"平中一突为奇"；郭参军曰"地有吉气，土随而起"者；皆突穴之谓也。平地高山皆有之，而平地为多。高山之突，必须左右环抱，两臂周遮，方为真。切忌孤露受风，生气飘散。平洋之地，忽然起突，惟要界水明白，来脉分晓，左右虽皆平坦，亦不为害。高山求窟，平洋求突，故平洋多。俗谓蜘蛛结网、没泥龟蛇等形。盖平地风从地面而过，故不畏风。杨公云"平洋不怕八风吹"是也。

突形穴一般有四种格：大突，小突，二者为正格；双突，三突，二者为变格。四格之形，又各有俯仰不同。身俯则穴宜凑檐避球，面

心眼指要

仰则穴宜凑球避檐，不可不审。若后龙真的，入首明白，星辰合格，证佐分晓，此穴最贵。盖起突之穴，灵光凝聚于中，余气弥漫于外，所以谓之吉穴。大要突面光圆，形体颖异。高山切忌风吹，平洋必须得水，乃为至要。又有行龙引脉，水口罗星、关峡墩埠、山脚漏落、神龙仓库及印墩之类，皆有突象，谓之假突虚突，务须详辨。如误下之，主贫穷孤苦，飘荡伶仃，不可不慎。

下列举突形四格简图以供参考学习。图具下：

大突图	小突图	双突图	三突图
		双星　麒麟	

凡大突者，其突高大也。平地高山皆不宜太高大。若太高大则近粗顽，不成突格。须是大而相停，不至粗肿顽懒为佳。切要突面光圆，形体颖异，乃为合格。大突多为水口罗星，及龙身漏落仓库、金箱玉印之属，务宜详辨，不可误也。

凡小突者，微起小突也。平地高山皆不宜太小。若太小，则起突不真。须是小而合格，不至微弱无依为佳。切要突面光肥，形体颖异，乃为合格。如或微小，高低不明，界水旷阔，或水割四畔，微弱无依，皆非真穴。凡小突多为引脉气泡，或关峡几珠，或印墩之属，务须详辨，不可误也。

凡双突者，穴星并起双突也。昔人谓之双星，亦有两畔生聊牙歧者，昔人谓之麒麟，皆可下两穴。切要大小、高低、肥瘦均匀，突面周正，形体颖异，方为合格。若大小不等，肥瘦不匀，高下参差，务须详辨，择特异者下之。若彼此似可而不正，狐疑难辨，美恶不分，皆非真结，不可下也。

凡三突者，穴星并起三突也。昔人谓之三台，可下三穴。切要大小相等，突面光肥，形体颖异，方为合格。若大小不均，又当审其特异者下之。如彼此疑惑，美恶不辨，则非真结，不可下也。

关于乳穴的变格又有很多，不在此一一多说。关于钳穴的名地有很多，在此列举一二：

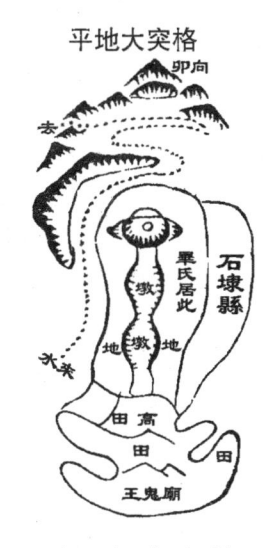

右地在石埭城县后，龙与县共，不述。入首，平地连起三珠，尽突结穴，突面圆平，破突扦穴。后顶来脉，前据唇毡，左右交会，大溪横遶，名堂、朝对、水口皆吉。葬后松坡公銶登会魁，累官户部尚书，今福祉未艾。

左地在江山县南六十里，土名石门龟山。其龙发自江郎山，落脉下平田，过阔阪一里许，复束聚结咽，成芦鞭格，作银锭束脉，顿起大突，成太阴金星，连气结突穴。突上微开钳口，俗呼龟形，系巽、巳、丙龙入首，扦亥向兼壬。葬后出方泉公铠，登嘉靖丁未进士，入翰林，官至都御史。至今人才迭出，福祉未艾。

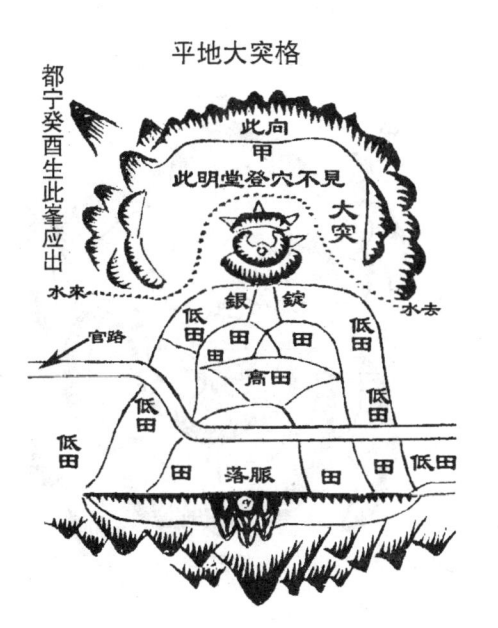

下地在丰城县东南八十里，土名龙门。其龙来自罗山。将入首，横列大帐，周围圈幛。正脉从中顿起飞蛾，一气九星。到头起土星御屏，屏下太阳金星，垂脉清奇，而结突穴，小巧圆净可爱。穴下虽峻，而贴身龙虎弯抱交固。左

心眼指要

右御屏夹耳,外重龙虎叠交,水遶之玄,狮象龟蛇镇塞水口,取作将军大座形,阴囊穴。登山万仞之高,亦天巧穴也。近有贵人秀案,远有挂榜列朝。葬后出胐公,登进士,官大参。曰翰,登进士,官太守。又有一父九子,人文鼎盛,富贵双全,福祉未艾。

山垅小突格

山麓小突格 俗呼龟形

折三台

右地在黄安县西南二十里。其龙来自七个山,分出右枝,磊落奔腾十余里。比入局,翻身逆转开帐,为折三台中抽下平冈,又顿跌数节,抽脉落山麓,临田蘸水,起一小突结穴。突面平圆,下开钳口。破穴对口扦穴,内堂融聚,下关有力。左有顺缠近绕,低伏过穴。复起墩埠,以关内气,以塞水口。而外堂田源之水十余里特朝,得水藏风,诚美地也。但其前朝席帽贵沙失于登对,乘气稍乖，葬法未善，未出显贵，惟巨富旺人，以岁荐及应例登仕版者十余人耳。然吾友少虞君心学，以理学鸣时，为邑儒宗，亦是地之钟秀也。

平中突　突上窝格

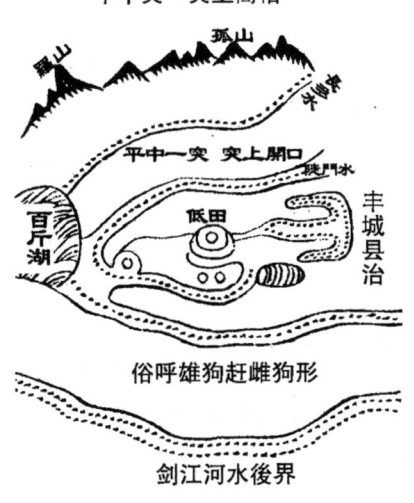

俗呼雄狗赶雌狗形

剑江河水後界

左地在丰城县东半里，土名白沙墩。其龙结县后，余气崩洪过脉，复起平田，铺毡展席，马迹蛛丝。忽起平中一突，平面太阴开口，成天然之窝。但后龙穿凿，失其本体，不易瞽认。丁氏葬后，科甲迭登。曰维城，官御史。维南，官寺丞。维阳，官主政。曰俊、曰仕、曰玑、曰璨、曰侃，俱贵。曰璐，官大参。曰鍊，官少卿，富贵未艾。

右地在袁坊，龙远不述。入局开平地帐，坦夷无际。入首水中一埠，突出圆净。突下吐唇，四面巨浸，左右湖岸遥抱有情。远峰一点来朝。离脉，扦癸向。葬后科甲连登。曰润，进士。芳，进士，参议。光儒，知州。光翰、城、应、旗、寔、游、国、宁，俱进士。亮度、均、咸、伯嵩、伯睿、伯钥、伯雅、奎，俱乡荐，世宦未艾。

水中突格

俗呼浪泼虾蟆形

按：以上四篇将窝、钳、乳、突，穴形妙用，作了详细的讲解。但天地造化之机，隐显不一。显则易明，隐则难辨。诸形格体，按图索理，人犹可知。至于正体之外，还有变形，像边窝、并窝、分钳、合钳、闪乳、侧乳、鹊突、并突，及有窝钳而不葬窝钳，有突乳而不葬突乳，又其怪体，隐微难辨。苟

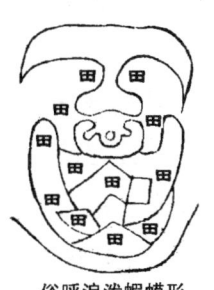

非明师传示，研审古格，骤而见之，必骇而疑。正所谓任君聪慧过颜闵，不遇真师莫强猜。此等异穴，形体虽有不同，力量本无二致。但至贵之龙，方有此穴。必得真师传授，始识此格。如或未契肯綮，自任聪明，妄指平坡死块为边并之窝，欹斜山脚为闪侧之乳，界水漏槽为分合之钳，阔荡顽硬为鹬并之突，籍口怪异，胡作乱为，是犹学步邯郸，而为害愈甚矣。慎之慎之！

盖

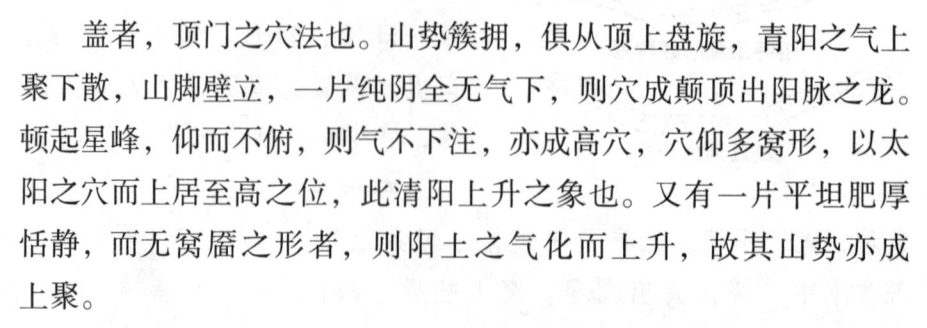

盖者，顶门之穴法也。山势簇拥，俱从顶上盘旋，青阳之气上聚下散，山脚壁立，一片纯阴全无气下，则穴成颠顶出阳脉之龙。顿起星峰，仰而不俯，则气不下注，亦成高穴，穴仰多窝形，以太阳之穴而上居至高之位，此清阳上升之象也。又有一片平坦肥厚恬静，而无窝靥之形者，则阳土之气化而上升，故其山势亦成上聚。

凡上聚之穴，阳气充足，不犯阴杀，明堂远照，从砂远护，不怕风吹，不畏孤露，法宜用"盖"。外观其形，内察其晕，佐以吞吐，量其浅深，此用盖之法也。

平面之突，形如仰盂，阳泛于上，亦宜用盖。俗人不识穴形以为孤露，破突作粘，地灵受伤，葬凶之祸不免矣。

（照天蜡烛，仙人出神，鹊巢）皆立木顶上开窝穴也。无枝者为蜡烛；有枝者为仙人；头开者为鹊巢，法皆用盖。

（立木开花，眠木如意头穴，眠木阡节）皆突中开微靥穴也。法俱用盖。

（丹顶覆火）此金头火脚，顶上生窝，水火既济之穴也。法亦用盖。

（水面蝉光）大坪带水形，上起微突，如水中之月影，略分魂魄，挨光正盖。盖水非金不敛，故必起突，突非厴又不能成穴也。

（平面高突，平面低突）高者如架上之金盆，低者如落地之金钱。盆必有窝，钱必有厴，皆盖穴也。

（蕊，花）众突皆花，穴必在蕊。众突皆蕊，穴必在花。突上俱有厴，成穴亦盖穴也。

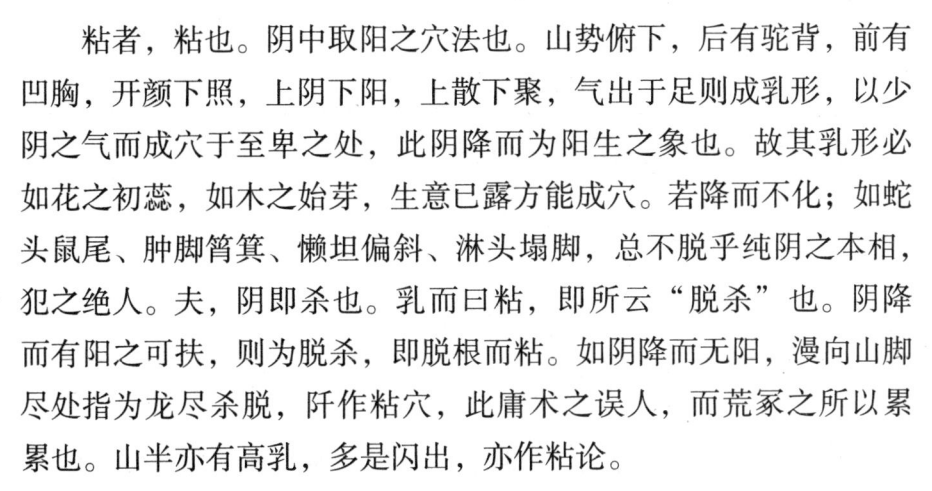

粘

粘者，粘也。阴中取阳之穴法也。山势俯下，后有驼背，前有凹胸，开颜下照，上阴下阳，上散下聚，气出于足则成乳形，以少阴之气而成穴于至卑之处，此阴降而为阳生之象也。故其乳形必如花之初蕊，如木之始芽，生意已露方能成穴。若降而不化；如蛇头鼠尾、肿脚筲箕、懒坦偏斜、淋头塌脚，总不脱乎纯阴之本相，犯之绝人。夫，阴即杀也。乳而曰粘，即所云"脱杀"也。阴降而有阳之可扶，则为脱杀，即脱根而粘。如阴降而无阳，漫向山脚尽处指为龙尽杀脱，阡作粘穴，此庸术之误人，而荒冢之所以累累也。山半亦有高乳，多是闪出，亦作粘论。

（天葩）

凡乳形多出于木，木星出乳形如花瓣，故名天葩。有已开者、有未开者；有藏者、有露者，其形不一，俱作粘论。大抵出脉要嫩，乳头要肥，界水要清。若直硬粗瘦则为山脚，犯之杀人。

（苞）

花未开者为苞，俗名为蕊。木花不作粘，蕊则生意方吐，故可作粘穴。眠木、立木皆有之。

（老椿）

心眼指要

俗云深山出老椿。然老椿不生嫩枝，如何成穴。盖老木多作祖山，或为他山之用神，若顶上生窝则为鹊巢之穴，否则无用。

（飞凤，飞鹅）

有尾为飞凤；无尾为飞鹅。眠木立木皆有之，俱作乳论。阡粪门穴，看尾上有微魇处方是。要肥嫩，不宜瘦削。立木作撞粘，眠木作倚粘。

（偏乳，阔乳）

立木有偏乳，作蟠龙、单提等穴。

眠木有阔乳。阔类金边，即锹皮穴也。俱作粘论。

（杨柳枝，金边，水乳）

梧桐叶上生偏子，杨柳枝头出正心。凡是嫩蕊，俱作粘论，兼葭、芍药皆然。

金星不出木乳，若宿鸟腹穴、愍穴，则为金边，可敲，亦粘穴也。水土不可粘，若出木乳则可粘矣。举此类推，通变可耳。

倚

倚者，左三右七之义。两乳、两耳门、两鼻库、两鼠肉、两切脉、两肩窝、侧脐、斜掌之穴法也。脉强势急，中阴难犯，阳气侧出，或趋左、或趋右，旁铺平坦，恬软肥嫩，或成窝乳，轮弦分明，山势旁聚，侧面开堂。横倚如负，直倚如扶。范氏云：雄粗带侧寻。萧氏云：仙人多是用偏坡者，即此。强龙旺龙往往有之，多成美穴。常见枝节之上旺气余波，侧面柔软之处，山民偶尔阡之，便多丁财，无奈庸术不悟，专好山脚顶背直阡，未有不败绝者。更有好挑土冈直顶坟背以为接龙，此犹执刀而自刺，可哀之甚者也。来龙真正，到头直硬，侧面略起微突成穴。顶头葬者必绝。

宝剑形血晕穴。上式更佳。作剑把穴者非。

老树逢春皆眠木，一于节上横裂生厴，一于丫中横拖嫩乳，犹老树逢春，微含生意。法皆正倚，可发一代文秀。盖眠木不宜老，恐是正龙之曜气，或为帐角余波，故其荫不长，恐乏后嗣。

眠木秀嫩，一窝一乳，法皆正倚，当发文士且旺丁，乃枝龙之结也。

立木扦根，立木挺秀，不开枝脚不能成穴。看其根上有微窝处，即是生意发露之处也。法亦正倚。

眠木带藤萝，作"鸟巢穴"，龙甚秀嫩，窝亦明白。法亦正倚。

官出才士，官清显，人财并旺。

立木带眠，名"仙人侧卧"形。满山皆石，奇秀异常。石中开窝，扦侧脐穴，法亦正倚。

切脉穴即没骨气化凹处。

鼠肉穴即单提。气铺侧面。

眠木到头，横开。微厴如侧掌心。法俱正倚。三式皆枝龙之结也。

以上十三式，皆因穴星直硬，侧面开堂，横坐作穴，所云横倚如负者，此也。直下必绝，余以类推。

中乳直硬，旁拖嫩肉，名直倚穴。顶中下者犯杀必绝。

立木正面饱硬，旁开小窝，轮弦明白。明堂侧出，穴亦直倚。

立木不抽枝脚，顶上旁开一窝明白，亦直倚穴也。俗名仙人咬风。

立木下出眠木，俱直硬，旁出肥嫩小枝，形如卜字，穴亦直倚。顶头下者皆绝。

立木中出脉又成立木带眠，体直硬带石。侧面开窝成勾窝穴，亦直倚也。直下者绝。

以上五式，即所云"直倚如扶"也。

横木成鞭形，顶头侧开微靥。成斜倚穴。

撞

撞者，腌脐、掌心、虎口、指节之穴法也。山势中聚，四旁俱阴，中间泛阳，穴成窝靥，如人之脐；或如仰掌，穴取掌心；或如覆掌，穴取指节；或如侧掌，穴取虎口。阳藏阴中，穴宜深入，类而推之，则有骑龙、翼窝、悬钟、挂灯、蜘蛛倒挂、飞蛾贴壁、游鱼上水、金头木脚等穴，皆撞法也。撞皆立体穴，居正中，故取象于脐。亦有平冈而作撞者，必是阳气中露，和暖肥嫩，顶脉直下，法等骑龙。若夫高山平坦，龙气团聚，别成一天，则兼撞盖。

（高窝，中窝，低窝金头，木脚，仰掌）

金非水窝不能成穴，窝有上、中、下之异。但居正而不偏，俱作脐穴。犹人有立坐眠之不同也。金头木脚必要水窝。木脚多者为仰掌要有掌心，皆窝穴也。法俱正撞。无窝妄撞者必绝。

（虎口、指节）

虎口亦金头木脚之变也。阳露而阴开，窝形大显。要轮弦分明，中有肉地，恬软肥嫩如虎口中之软皮。亦正撞穴也。凡山必有背、面之分，穴必在面。仰掌山面在上，故穴在掌心。虎口形侧，山面在内，背在外，故穴在口中。覆掌则背在上，面在下，节上有窝，阴中泛阳故亦成穴。

（挂灯穴，悬钟穴）

挂灯穴金头土身，山脚壁立，上开水窝，亦脐之变相也。法兼盖撞。悬钟穴乃土屏中起一突形如贴体，亦土腹藏金之意也。金头有靥名钟纽穴，无则敲边。金体上起一微块，亦贴体星也。法亦用撞。

（飞蛾贴壁，吊角，偏脐）

金体中又起一微块，形如金水，亦贴体星也。即镜上菱花之意，法亦正撞。金角开水窝，下铺毡褥，因正面饱硬，故气出于角，穴作偏撞。正面饱硬，阳气偏出成侧窝穴，法兼盖撞。倚亦正体也。案外拖出长曜，亦金头木脚之变。

（金钗，骑龙，反肘）

钗形眠体，脉接钳顶，阡油腻穴。亦撞法也。大龙跌断，过峡处阴过，则龙无留恋之意，必无结作。阳过则生意已露，故有顺逆骑龙之穴，亦作正撞论。反倒曲尺，水形，如手屈肘，肘后生臁铺唇，亦撞穴也。

上三式俱平冈撞穴。

凡相地，以认穴为第一难事，穴形既辨得清，则临地了然，如以镜照物，自无美恶易形之病矣。然认穴固难，寻龙认脉亦不易。且地之真假在于穴，地之富贵大小久暂在于龙，龙之变态多端，笔不能尽，玉髓地学言之最精，故不复及，略写数图明其大义，苟能以意旁通，则天下事无不可明之理，何不啜此糟粕，然后能知酒味也耶。龙法穴法既晓，再用之以心法，不上山不下水之趋避，直达补救之元机，生生配合之妙义，如是山龙水龙，山水分用自能得心应手，体用各得其当耳。

【白话注解】

三年寻龙，十年点穴。可见点穴之难。风水理论侧重点却在阴宅上。但是不论阴阳宅之穴位，只不过是大小宽窄之不同，其理则是统一的。

葬者乘生气也，居者同样乘生气也。穴位点得准确，其乘接生气则多，穴位点得偏差，其乘接生气则少，穴位点得错误，则不能乘接生气。不管再好的山水，只要点穴不正，所有旺龙美砂佳水都不能为我所用。

所以点穴是风水师最难掌握的功夫。下面我就综合的介绍一下风水点穴的具体事项：

1、风水点穴的十种要诀

一、寻龙势

二、接来脉

三、明五体

四、乘生气

五、识形象

六、辨砂水

七、扦四象

八、具工力

九、避凶杀

十、别常怪

2、风水点穴时对形势的辨别

千尺为势，百尺为形。势即穴形。

形与势顺，是谓全气

形与势逆，是谓垂气

势吉形吉，是谓全吉

势凶形凶，是谓垂凶

势凶形吉，百里希一

势吉形凶，祸不旋日

3、由气脉取穴要诀

细认星辰，看其踪迹，记交襟明堂，取穴要看微茫，认其来脉，入路分明，方可截插。正脉取斜，斜脉取正，横脉取直，直脉取曲，急脉取缓，缓脉取关，双脉取短，单脉取实，散脉取聚，伤脉取饶，硬脉取软，软脉取硬，脉正取中，脉斜取侧，脉不杂棺，棺不离脉。高不露风，低不脱脉，阴来阳受，阳来阴结，顺中取逆，逆中取顺，饶龙减虎，分别强弱，十二杖法，依法裁截。

4、风水穴形二种形态

凸：阴也，乳、突穴
凹：阳也，窝、钳穴

5、穴形二结穴方式

阳来阴结：平来陡结，软来硬结，缓来急结，曲来直结
阴来阳结：陡来平结，硬来软结，急来缓结，直来曲结

6、穴形四象的辨别

窝、钳、乳、突

7、穴形四象正体

窝

开口圆，生两掬。形如鸡窝、锅底、掌心、旋螺、金盘、铜锣等。法葬其凹，不宜偏颇。

藏口窝：左右两掬交会
张口窝：左右两掬不交会
深窝：开口深藏
浅窝：开口平浅，靥是也
狭窝：开口狭窄

钳

开口长，生两臂。形如挂钗，虎口，合谷，夹穴，仙宫，单提，双臂，单股，弓脚等。钳中微有乳头插。钳穴宜明堂融聚砂绕抱，不宜淋头，破堂，水倾，钗头不圆多破碎，元辰不收。

心眼指要

曲钳：左右两掬，弯曲抱内

双钳：左右两脚，皆生两枝

迭钳：一脚缩，一脚生两枝

直钳：两脚皆直

长钳：左右皆长

短钳：左右皆短

深钳：漏槽贯顶，界水淋头

漏钳：穴前深槽，两掬不抱

单钳：一脚短缩，一脚向前，向前者忌顺水走窜

弓钳：一脚缩后，一脚环抱

乳

细落脉，吊长凸。形如垂乳、葫芦、金钟、牛背、纽会、覆箕等。应有两臂纽会弓抱，忌不纽会，被风吹，丑恶，粗雄，痈肿，峻急。

长乳：乳长，两掬长

短乳：乳短，两掬短垂

大乳：垂大，两脚弓抱

小乳：垂小，两脚弓抱

纽会乳：左右两臂，弓抱交过宫

不纽会乳：左右两臂，弓抱不交

双乳：左右两臂弓抱，两乳垂下

三垂乳：左右两臂弓抱，三乳垂下

孤乳：无臂交抱，独乳垂下

突

起凸圆，界水明。形如覆釜、鱼泡、龙珠、鸡心、鹅卵、紫微、旋螺、覆杓、旺龙等。宜边圆凸正，界水分明绕抱，忌水反砂飞。高突葬顶，平突葬底，不宜打破泡顶而泄气。

山谷突：突高而圆，龙虎绕抱，藏风避杀

平洋突：突露而显，水绕山聚，不忌风吹，只忌水劫

大突：高大之凸，墩阜圆正

小突：低小之凸，墩阜圆正

麒麟突：突两畔，生牙生枝

三台突：并排或连起三突，有真砂绕抱

片突：附壁起突，一边界水分明，真砂绕抱

8、穴形四象怪体辨别

窝　边窝：弦棱欠缺一边，边平边抱，宜浅窄平坦

并窝、三窝：一星有数窝可下，并窝可下二穴，三窝有三穴可下，要窝中圆净，弦棱明白

钳　分钳：穴星开口，口分左右结穴。多落平地

合钳：两乳收处，中间合聚成微突泡，泡下结穴。多结高山

乳　闪乳：中乳痈肿直硬不结穴，穴闪两边，将中乳为两穴龙虎，穴外有砂臂交抱

侧乳：乳偏一边不正，内有单臂弓抱，外山凑成龙虎，多做蟠龙，挂树蛇等形

突　鹘突：模糊不清，粗眉似无，细察方有

并突：两突粘连，合气融结，当插两突交界之间

9、穴形四象变体

有窝不葬窝：深窝、张口窝、狭窝、不宜葬窝而插窝顶、窝侧、窝口。寻暗突

有钳不葬钳：深钳、漏钳、合钳、不宜葬钳，而插钳顶、钳侧、钳口。寻微乳

有乳不葬乳：不纽会乳、闪乳、急乳、不宜葬乳，而插乳头、乳脚、乳侧、乳前。寻隐钳

有突不葬突：并突、平突、附突、连突、不宜葬突，而插突

侧、突前、突外、突边。寻平窝

10、穴形四象臂掬的变体

四象砂臂转变、出变、带燥、带荡

转变出变：成金体曰垂金
　　　　　　成木体曰夹木
　　　　　　成水体曰生水
　　　　　　成火体曰剪火
　　　　　　成土体曰穿土

带燥带荡：左带燥，在带荡
　　　　　　右带燥，右带荡
　　　　　　左燥右荡　左荡右燥
　　　　　　左右带燥　左右带荡

11、穴形四象主顶体形

分正体、侧脑、平面三形
各成金木水火土五体
各结窝钳乳突四穴。
内惟火体不插穴，须变而后结

正体金　侧脑金　平面金　正体木　侧脑木　平面木　正体水　侧脑水　平面水　正体土　侧脑土　平面土

12、扦穴的五种方法

乘金

凡有真穴，必有圆动处，窝钳之圆在顶，乳之圆在下，突之圆在当中，应坐乘于圆晕动气之中，谓之枕圆。相水圆外左右有微茫曲抱之水，界合交挥于穴前小堂，虾须蟹眼是也。应相定二水交合处而向之。谓之就尖。

印木

水外有微微两股真砂,直夹过前方。逼得真水交合于小堂前,牛角蝉翼是也。应印证此砂而倚之。

穴土

五土四备,裁肪切玉之土,穴内有生气,外气与内气符合。应点正此土而扦之。

暖火

四征既具,中间必有暖气,此暖气乃山川之精气也。

13、穴形的真体

正形穴:人见易识,穴体端正,四象分明,三吉秀异。

变形穴:穴体变换,细察方知,如本体、开口、悬乳、弓脚、双臂、单股、侧脑、没骨、平面等。

巧形穴:穴形自然,天造地设。

拙形穴:穴形丑陋,使人疑惑。

隐形穴:穴形隐藏,难以识别,工力可成。

奇形穴:地势异常,使人惊异。

怪形穴:穴形有嫌,使人惧弃,而其内在精神骨格,却特别高妙。

14、穴形的假体

虚穴:无龙无穴,凶龙凶穴,砂反,水劫,风吹。

花穴:有龙无穴,贵龙贱穴,有外局,无内局。

假穴:无龙有穴,凶龙贵穴,有内局,无外局。

凶穴:凶龙贱穴,贱龙凶穴,内外局皆凶。

贱穴:贵龙贱穴,无龙贵穴,砂凶水吉,水凶砂吉。

15、穴不能葬的凶处

粗顽块石　左右休囚　急水滩头

山冈撩乱　沟源绝境　风水悲愁
孤独山头　坐下低小　神前庙后
龙虎尖头　天空地漏　阳宅村中

16、诸形主穴凶

粗恶形：山势粗雄，丑恶带石，峦大，不嫩媚细巧。

峻急形：山势峻急，陡峭斜侧，不能立步，犁壁面是也。

痈肿形：星辰粗痈肿肥，不开头面，不开窝钳，罗汉肚是也。

虚耗形：龙气虚弱，主面崩残伤破，主后仰瓦空虚。

凹缺形：凹陷低缺伤残。

瘦削形：当穴山形不肥壮，瘦弱薄削。

突露形：当穴处不藏聚，突露受风，和尚头是也。

破面形：当穴处头面间掘土凿石，星辰破碎。

疙头形：黑白砂石，相间错杂，疙瘩头是也。

卑棘形：不生植木，惟黄茅疏草而阔远，癫痫头是也。

散漫形：懒坦阔荡

孤寒形：山之四面无从，临穴孤露不藏聚

幽冷形：阴幽寒冷之地，养尸不坏

尖细形：当穴处尖锐细嫩，老鼠尾是也。

荡软形：当穴处塌阔旷软，牛皮肚是也。

顽硬形：山形死直不活动而粗顽急硬，拖枪是也。

峡岩形：临穴处石出峥嵘，石岩裹露，露牙是也。

腾漏形：风吹水劫，左旷右空，前牵后虚

囚弱形：穴山受四山高压，低弱无力，其神不显，井底蛙是也。

17、诸形主穴吉

明净　光彩　丰肥　端庄　圆满

方正　开挣　展翅　特异　尊严
藏风　脱杀　得水　聚气

18、怪穴四十四例

取怪穴为弃常取怪，舍经从权之法。一般的怪穴地都比较大，因为大龙都是狡诈多变的。只要龙、砂、水好，有生气聚者都可取，不管结穴怪不怪，都合穴法，一定要慎之慎之。下面列举常见的四十四例怪学

天巧最高顶（天巧穴）　　　低结深田里（没泥穴）
孤露八风吹（天风穴）　　　直出两水射（水直穴）
湖海水中央（汪洋穴）　　　顽石土缝脉（漱石穴）
掘后泉干（泉干穴）　　　　下后逼水边（水迁穴）
点穴居龙脊（骑龙穴）　　　点穴需截龙脉（斩关穴）
穴立旁湖滨（湖沿穴）　　　龙脉落旹畤（藏龟穴）
穴在土皮上（培土穴）　　　穴在石壁中（石纽穴）
穴在水直流（直流穴）　　　穴在砂斜飞（斜飞穴）
穴体无包藏（平洋穴）　　　穴体多余气（腰落穴）
穴体坐落空（坐空穴）　　　面前欺（顾祖穴）
双龙合气（双龙穴）　　　　穴体龙脉脱（断龙穴）
穴体乳直长（乳长穴）　　　穴体脑偏侧（偏坡穴）
穴体生尖嘴（枫叶穴）　　　穴体嘴直长（凿臂穴）
穴体后仰槽（玉盘夹馒头穴）穴体前深沟（金枕穴）
鹤瓜突露（鹤瓜穴）　　　　牛皮懒垣（牛皮穴）
穴体少一臂（折臂穴）　　　穴体体粗顽（打门穴）
穴体担凹（扳鞍穴）　　　　穴体仰瓦（卷槽穴）
穴体拖枪（鼠尾穴）　　　　穴体斗斧（开谷穴）
穴体无案（前空穴）　　　　穴体反掌（手背穴）
穴体锹皮（驳芽穴）　　　　穴体壁上扑飞蛾（扑壁穴）

壁上挂灯盏（挂灯穴）　　　　穴体仰高（燕窝穴）
穴体平突（走珠穴）　　　　　穴体无朝（积水穴）

19、穴星的五种形体

金星穴：顶圆正而额满，宜点穴其颡、角、突、窟处。
木星穴：体直硬而露节，宜点穴其节、芽、钳、口处。
水星穴：顶曲动而涌泡，宜点穴其泡、涌、苗处。
火星穴：顶尖锐而体正，宜点穴其正、变、不变不正莫扦穴。
土星穴：顶方平而角直，宜点穴其角、珠、口处。

20、穴星五种形体的三种势态

立态：高而耸立，气势昂然。
坐态：矮而粗肥，头面端正。
眠态：低而平柔，星辰倒地。

金星　立如覆钟，坐如覆釜，眠如覆锣。
木星　立如执笏，坐如玉几，眠如直尺。
水星　立如滚珠，坐如惊蛇，眠如鱼鳞。
火星　立如竖笔，坐如伞盖，眠如犁头。
土星　立如御屏，坐如橱柜，眠如棋盘。

21、五种星体的变吉

金盘流珠　金体水泡穴
木节抽芽　木体水窟穴
火水既济　火体水窟穴
水底藏金　水体沉金穴
土角流金　土体挂金穴

22、五种星体的忌用

纯金则顽　顽金挺肚

纯木则硬　硬木当头
纯水则荡　弱水破顶
纯火则燥　燥火拽尾
纯土则壅　壅土平面

金星图			金星圆。 上为金星 立眠二格
木星图			木星直。 上为木星 立眠二格
水星图			水星曲。 上为水星 立眠二格
火星图			火星锐。 上为火星 立眠二格
土星图			土星方。 上为土星 立眠二格

23、穴山的九星（兼带，九星为五星的变体）

太阳金星　圆而正带木
太阴金星　圆带方带土
金水星　　圆而曲带木
紫气木星　直而方带金
四脑金兼土
天财星　　三指分带木
双脑金兼水
天罡木星　头耸脚尖带火
孤曜金星　头圆脚直带木
燥火星　　尖似枪带木
扫荡水星　浑身曲带金

24、穴星的九种变体

本体　无龙无虎
开口　上有顶，中开钳，下无乳
悬乳　上起顶，下垂乳，龙虎均停
弓脚　龙虎一长一短
双臂　双龙双虎
单股　有龙无虎，有虎无龙
侧脑　穴顶不正
没骨　无顶
平面　坦夷仰卧

25、杨筠松倒杖十二法

倒杖相兼诸法

倒杖互兼，其法甚多，唯在人神而明之，不拘一格，唯接脉乘气四字足以尽之也。

顺兼逆　顺接来脉，逆接堂气而受穴

顺兼缩　顺接来脉，缩受顶气而受穴

逆兼顺　逆接来脉，顺迎堂气而受穴

穿兼逆　横接来脉，逆就堂气而受穴

（1）**顺杖**：

顺者，顺乘乎本山之来脉而受穴者也。

必其后龙已经剥换，脱杀得尽。及至将入首处，不强不弱，不必饶减，微微一脉，迤递而来，无直冲剑脊。细看则其来实清奇而真正，远视则其脉若散漫而难收。在穴场视之，则见穿心对顶，朝案端正，龙虎和平，堂水中聚，分合清切，球檐界限，证佐分明，唇脐端圆，正接来脉。而下及登其结作之顶，则细嫩曲屈之元折出，起伏顿跌横飞直冲。局若对顶而实不对顶，脉若穿心而实不穿心；或阳来而阴结，或阴来而阳结；无直来直受之疵；然两边夹辅之水，均之欲其正，聚于内外之堂，虽或倒左倒右，终正聚而中出也。

大抵作法多盖、撞、吞、沉四法。结此顺局，必后龙力量厚重，结王侯状元极贵之穴，顺杖方发福也。否则，龙体贱微，则顺杖顺局端不发福。故顺之诀不在于局，而在于龙也。

（2）**逆杖**：

逆者，逆接乎本山之来脉，而倒受穴者也。

必须祖宗高耸清秀，落脉细嫩，如蛛丝灰线，顿跌起伏，转折而来降；体无脊石，不点驳，无枝脚，冲射两旁，开争睁而不凌压；行龙虽有起伏顿跌转折，无冲霄插汉之峰峦，直至结穴之处，则特起星峰朝山；虽系祖宗，而对峙之间，俨若宾主之相称。虽曰祖，不厌高，亦有百步之隔。远则高峰无害，近则不可使强于主也。然倒骑逆受之穴，多阴发而阳行，弱来而强结。

大抵作粘、并、斜、钩四法，天罡石前不可撞受，只可循脉将尽处，稍离数尺逆受其气。立穴犹当审其前果有来；后果无去，两

边桡棹来者，果向前而不刺穴，往者果向前而不牵泄。后穴鬼撑不宜十分太长，多则不过三五六节；只宜直尖而平伏，不许其少有结作，以分泄其气；张其来山，会其来水，此逆杖之大约也。发福极远，力量极重。

(3) 缩杖：

缩者，气聚于山之顶，中来而缩受穴也。

必须四势高应，明堂远聚，爱遥山之耸秀、喜远水之生光者也。贴近之水不忌直跌，所谓上聚穴也；乃上聚而下散，气钟顶脑；四伴山峦，俱高峻而环合；虽藏牙缩爪，而杀气尽无；苟不察来长上止短之脉，而在低处求穴，则四山高压、鲜有不绝者。故四山若高卫，则气必不下行；气不下行，则必上聚，气既上聚，则穴必在百会颞门之间；穴在百会颞门之间，则诸煞自然低伏，穴高而诸煞咸伏，是煞伏而化为权矣。然既化为权，即所谓强将手下无弱兵矣。故凡天穴而其下，或有石爪交牙，乌石岩岩如枪、如剑、如弋、如戟等，形蹲踞于下，则愈显得上穴之力量，尚有何煞之可畏耶？此则强来而强受。

大抵作盖、吞二法，当寻其太极生成之窝；受穴最怕风吹，又怕前面官星太长，至长不过二三节；亦不许见其尖嘴如舌之状，而憎人口舌也，概其不见为美。

(4) 缀杖：

缀者，如线缀衣缝缀联其穴于脉也。

盖缀杖似易而实难，何则？龙势雄急，落脉强健，结穴最低；就龙脉将尽未尽之外立穴，高一寸则伤龙，低一寸则脱气，务宜详审其欲离未离之势，杀脱而气和；龙体虽急，而穴中终不觉其威猛；穴场虽低，而局势终不觉其沉陷。对顶乘气，不饶不借，不偏不倚，不高不低，不深不浅，在缓急相乘之间，缀穴于脉方为合法，大抵多粘、坠二作法。

然缀杖之法有二：有实缀，有虚缀。其来脉虽系刚急，至脉尽处，微有化生脑者，则辏入球檐二三寸，粘脉立穴，此实缀也。其降脉雄急，一气行落，不起化生脑，虾须不生，八字不分，只有金鱼荫腮，所来气尚未舒缓；又须脱得杀尽，离球一二尺，使杀脱而气和，方才立穴，此虚缀也。

夫缀杖之法，多用于顺局；乃先受堂气而后乘龙；气者也，最怕水跌，故龙真局完，方用缀杖。

(5) 开杖：

开者，龙势直冲当头，有杀对顶，中分其脉，两边受穴，分开一脉而作两穴，脱中杀而傍脉倚穴者也。

盖开杖之法最难，当脉则冲煞而速祸，脱脉则无气而防绝。故分开两旁，收其左右相顾之意，倚其中抽平分之势，禽其应乐，纳其堂食，循脉雄强将弱之处裁穴，方为合式。必须穿心出帐，直来直受，正向正坐，不畏直硬；但傍城借主，或饶或减，或虚或实，皆随局裁成，而不使其毫厘之间隔者，此正开也。又有一等结作，来势雄急相同，但应乐、堂气、砂水、朝案俱聚归一边；聚归左则倚左立穴，聚归右则倚右立穴，其不敢当脉之中而受穴则一也。

大抵多倚、挨、并三作法，杀气在中，不可轻犯；面前沙嘴，不宜直长；尖闪唇脐，务宜横阔；堂水不拘来去横过，但只见其聚，不见其直泄即可，何则？盖龙雄气盛，所以中脉不敢受穴；斯则借脉立穴，发达甚速，力量亦重，故曰：直冲中煞不堪扦，堂气归随在两边；依脉稍离二三尺，法中开杖最精元。即开杖。

(6) 穿杖：

穿者，脉自旁来而正面结局，如线穿针眼，如柯斗斧眼，气从腰入而成穴者也。

必须来龙长远，直来横结，或横来直结；正来斜结，或斜来正结；至此再不分枝分擘，龙尽气钟，乘脉寻穴，不用饶减，不可脑受，又不可耳受，以腰受脉正立穴而傍受气者，其穿杖之体段方真。又当详察四顾之情何如；耳入穴之处，果前有朝案，后有托乐，左有青龙、右有白虎，明堂箎襟，虾须蟹眼，蝉翼金鱼，件件合式，俨若出帐对顶结作一般，力量才重。如或面有前朝而背后乐，或后有应乐而前无案朝；或脉自左来，而右砂不转，脉从右来，而左砂不紧，此必奴龙也。甚弗强于裁剪，而曰此宜穿杖也。遂借口讹扦，以至误人，慎之。

大抵多插、撞、盖三作法，何则？脉既横来，无有杀气，亦无天罡，缓急随势而受穿，得脉着即已，复何难焉？

(7) 离杖：

离者，脱离本山之来脉而受穴者也。

盖离杖之结作甚巧；人见其坦缓平夷，以龙至弱也，殊不知似弱而实刚，何则？成龙之山必顿跌起伏，或大顿而小跌，小顿而大跌；或大起而小伏，或小起而大伏；或小顿小跌而大伏，或大顿大跌而小伏；或大顿大跌，至将结作处，如蚕蛾之脱茧，如蛇蝉之脱壳，形体虽在而生气别脱出外矣。凡黄蛇吐气、美女铺毡、仙人弈棋、丹凤衔书、贵人用印、猿猴捕影、灵龟照子、将军打弹、狮子戏球等形，与夫过水重兴营寨者，皆脱离本山之形而就气立穴者也，皆大顿大跌、小顿小跌而微起者也。人孰不曰柔弱而迟缓也？岂知顿后所伏之气，至此方起，特由剥换中出来，但无杀耳；其方起之势，殆犹火之始燃者，气之盛为何如，必须后龙俱是行体，未经劫泄，砂水不少停，无可立穴外；直至穴场，方才集聚于平坦微突处，离祖作穴者，此离杖也。

大抵多用盖、并、坠三作法，当急受。此地甚大，力量长远主富贵悠久。

(8) 没杖：

没者，本山阴来阳结，急落开窝，窝中立穴者，入首潜伏其气，沉于窝底，杖亦没于窝底，深乘乎本山之来脉而受穴也。

盖龙势雄急一向阴健；又或穿心出帐，自离祖而来，直行至此方剥出阳来，杀气未除阴，若不开窝，谓之独阴。不生断，不可用，若后龙虽系刚急。而至此则盘旋均停，隐然如螺旋乌窝、金盆油盏之类，中心低而四旁高；或如侧盆侧盏之属，自然有一种藏风聚气之象，此阳结也。则因势开凿，至乘气外，规矩准绳自与杖法相契，如杖之没于泥底也。故曰：没杖不忌高昂，但求穴上不见巉岩破碎而已。或十步、二十步、三十步之外，或在身下，虽如枪、如刀、如戈戟列于左右前后，只要不射刺穴场，愈增福力，故一窝能藏百煞；虽或有出不尽之杀，穴高则诸杀咸化权而拱福矣。

大抵多撞、插、吞、沉、架五作法，何也？脉既深沉而来，则穴必深藏而受。又因其窝之大小而施夫裁成之工。不可一概以为没杖气必沉也，而必深受穴焉。如窝小则当少加开凿，而因势乘气立穴也。

(9) 对杖：

对者，杖头紧指有情之处，取其四势登对而中心受穴者也。

必须祖宗峻拔，降体奇伟，行度精俊，两水夹出，直来若奔，一水横拦，其止若尸；龙真局正，三方环固，四势和平。及至入首去处，如一片浮牌，无窝、无钳、无乳、无突，本身之上，毫无凭据；但体前情亲，后乐准辅弼，刺鱼腮指定，四兽交顾之处，以天心十道口衔材之法取之，则穴无遁情矣。又有一等龙脉，清浊未分，上面高直，下面低坠；高扦则见下面太低，低扦又觉上面悬绝；却于缓急平分之间，对脉中停受穴，此又一法也。

大抵只要四势登对，则裁穴必在十字横直交接之中。多用挨、并、对、插四作法，何则？对杖，平中多用之，山冈间有之。盖平洋之脉，有生死而无强弱，有起伏而少分合，故当挨生、并死、坠气、插脉，随界水浅深以成穴也。斯则山水朝揖于外，生气藏畜于内，如石中之玉、沙里之金，不凿不淘，曷为而见；坪中之穴，不有证佐，不有对杖，曷为而知。

(10) 截杖：

截者，截去其穴前吐出有余不尽之气、左右不包之砂头也。

必须后龙未经结作，两水夹出，直至穴前；一水横拦，气不他往；后无鬼劫，前无官飞，势若群羊之见犬而只只回顾，但包穴而不包裡；如大蛇之见蝎而兹兹吐舌，但劫地而不劫气；众山俱短而此山独长，立穴于元（玄）武尽处，则无夹护，故于本山纡徐停蓄之间，收其左右夹拱之山，截其元武长嘴，乘其欲断不断之势以受穴，则无高露风低脱脉之患矣。

夫截者，斩截之谓也。须斩截得无一毫气脉之行，方才合矩。大抵亦要上面有来，下面无去，见其来不见其去为美；若后面见其迢递而来，前面又见其迢递而去，虽夹齐整似可作穴，不过山断处耳，龙脉驻足处耳，所谓过山气甚深沉。若曰众短取长亦勉强。裁截穴法，惟斩得绝三字足以尽之矣。

(11) 犯杖：

犯者，伤犯乎本山之脉而凿开合杖者也。

必须众山皆雄伟，而此龙独柔软居中，众山俱长而此龙独短，众山俱高而此龙独低，或众山俱大而此龙独小，或众山俱秀丽而此龙独粗丑，此等皆阴发而阳行，阳来而阴受者。若复于缓处立穴，则伤于太柔矣。故当视其阳体初变之处，大施人力，急夺天工，即于孩儿头上开金取水，高居尊位以降伏群阴也。

大抵缓来而急受，多用盖、吞、撞、插四作法，何则？一阴一阳之谓道。阴阳迭运者气也，刚柔相济者理也。阴以含阳，阳以畜阴，气形理也；众阴而独一阳，理固辨矣；然夫造化之凝结，必不离父母所生之体；阳复生阴，穴方的矣。

盖犯杖之法，人所畏忌，殊不知力量甚重；真龙大地，天之所珍，地之所秘，将以福其善也；恐泄其机于不善，到头之时多不开头面，而私此一诀以福善也。必须堂局宽展、遥山耸秀、远水生光者，其体方真。若逼山逼水、局量浅小者，亦以犯杖裁之，未有不绝者，慎之。

(12) 顿杖：

顿者，堆顿高垒积客土以受生气，培假阜以配真局者也。

必须龙真局正、众山俱小，而此龙独大；众山俱低，而此龙独高；众龙俱细嫩，而此龙独粗老；四伴俱柔弱而此龙独刚强，及到头将结作处，则顺势直倾，尽泻其气于堂局之中，总四兽之气以为气，应四兽之形以为形，仗四兽之情以成簀，顿四兽之局以裁穴；如大贵人之巡狩一邦，则一邦之人迎者送者，迎送莫不矢心于一人一样。局势又环，来龙又真，泻落平坪，或入泉涧，不论高低大小，于十字杖中顿墩成穴，只要与四山相称即已，不必以入首脉络不清而疑泥于其间也。

大抵急来而缓受，四面夹护俱柔软可亲，独有此龙雄伟居中，刚急可畏。若复于急处立穴，则伤于太刚，且露风凑煞，故当于平中高垒土埠以成坟耳。然惟干龙方有之，何则？干龙多结州郡阳宅；设或结阴地，其龙气宏大一时细小不来，故气满堂直倾而成顿局；夫有顿必不跌，顿而泄落平坪是顿而方跌矣。顿而方跌，则气正欲前往，一水横拦，不能前行而上掤，故气浮在上，顿土可以成穴也。若局量褊小，则无顿法也。

26、天然做穴的四种方法

盖

脉来平缓，晕结主顶，揭高而放棺，穴安绝顶。

宜留靠乐，忌鉴太深，穴情孤露风吹。

粘

脉来雄急，晕结星脚，就低放棺，穴安缓泥。

宜留余脚，左右平和，忌水淋穴背。渐渐近前，脱脉而下为虚粘，忌有滴沥，而虚尽为龟裙；稍稍凑脉而下为实粘，飞翔后山高峻而实结为覆钟。

倚

脉来直硬，晕结于旁，挨旁放棺，穴安星侧，宜就砂手朝山有情秀异之边倚之。

后中顶为实倚，无顶为虚倚。宜靠定来脉，忌就虚而脱气。

撞

脉来平软，宛而有蓄，不偏不倚，晕中心，就内放棺，穴安正中。

脉斜来横来，晕结中心，也用撞法。

脉薄宜轻撞，脉厚宜重撞，忌脱气，斗气。

27、扦穴的四种方法

吞

水泡穴，泡前开塘，深至泡下放棺，为穿金葬，如中吞进。忌破泡顶。

脉来缓软，气结于内而深，鉴进至能承气处立穴。忌伤骨截气。

吐

高山垂乳穴，棺头入塘，棺脚露出，用客土包棺，为露金葬，如口中衔半吐半。忌掘深损穴底而犯气冷。

脉来陡急，气结于外而虚。于脱脉露出至接气处立穴。忌后空气尽，脱气、斗气。

浮

平洋穴，地面放棺，多加客土堆冢，为堆金葬。忌开低犯湿。

脉来低弱，土薄水绕，气浮土面，宜内聚生气，外配堂局，于聚气处立穴。忌气散水劫。

沉

高山浅窝穴，旋开窝弦，堆起罗圈，沉底放棺，为开金葬。忌穴露风吹。

脉来起伏，土厚砂低，深挖土内至受气处立穴。忌岩壁闭气。

28、喝形定穴

总的来讲，风水一术，虽有成法，却无定例。喝形定穴并不是风水正法，但古今的人们特别喜欢，最早提出的为宋朝的国师张子微。

现列举一些如下仅供参考，在此再重申，喝形定穴是真法，但并不是风水正法。这些都是对穴情的一个形象比喻，不能太呆板拘泥。

乌鸦泊田	两羽	飞蛾投水	
飞凤御书		黄鹰打蛇	头
蝠婆峡壁		鸬鹚出江	眼
飞凤入笼	冠	倒地象	牙根
白象卷湖		瘦牛倒地	血湖
犁沙象	额上	猛虎出林	额
犀牛下水	额中	低头睡虎	头上
伏虎	鼻、眼	猛虎驱羊	额
猛虎跳墙	额	眠犬	粪门
群羊出厩	额	蟠龙	头、肋、耳
眠犬蟠尾		二龙争珠	珠上珠下
渴龙饮水	角	飞天龙	
黄龙吐珠	口	下山蛇	脑珠
上山蛇	粪门	没泥蛇	王字
挂树蛇	七寸	生蛇扑蛤蟆	
凤凰展翼	眼边	下山蜈蚣	脑珠
上山蜈蚣		仙人大座	心窝
天蜞扑蜈蚣	角	仙人仰睡	阴囊
蛤蟆	两眼	仙人跷脚	阴囊
走马过江	担凹	仙人舞袖	

心眼指要

仙人渴马	踏凳	醉翁倒地	脐
倒地金钗（有牙梳）		美女献花	花心
挂壁金钗（有粉盒）		镇武按剑	心头
断股金钗	钗牌	镇武踏龟	头
金盘	掌心	太公钓鱼	钩上
海螺	口	鱼翁撒网	心头
螃蟹	两眼	狮子戏球	球上球下
游鱼		坐狮开口	崖上
游鱼化龟		崖山蛇	粪门
上水游鱼	两眼		
浮水龟	头、肩上、两眼		
下水游鱼	腹脐	骆驼御宝	
西方新月（有流星）		角	
黄牛推车	肩		
东方月满（有七星案）		月中	
织女穿梭	梭	蜘蛛结网	网中
覆船	头上	猕猴摘果	
仰船	舡腹	玉辇	辇心
剪刀	铰中	饿猪出栏	血路
侧箩	箩中	紫燕泊壁	粪门
横笛	孔中	覆釜	釜顶
琵琶	颈	壁上挂灯	盏内
凉伞	伞闩	八仙下棋	盘中
风吹罗带	结	墨砚	砚心
舒旗		锈针落地	眼
卷旗		厨库	锁
倒地旗	心	出土蜈蚣	口
梅花落地	花中	祥云盖月	

黄叶飘口		明月照江	影
瓜藤	瓜上	天虹贯水	脑上
番王进宝	中	狂风送五雷	
仙人献掌	掌中	流星畔月	
仙人玩球		游僧拜坛	头上
湖雁归滨		黄蛇赶蚣	头中
飞鸟投林		双蛇夹子	子蛇
官脱靴	靴	龟蛇聚会	两眼、背
三鹤争鳅	鳅	虾公	
瓦口流珠	珠	撑皮	
锦被盖孩	孩头	玉箸夹馒头	馒中
公公抱孩	孩	蜻蜓点水	尾
仙鹅抱蛋		快鹤翻身	
两犬反巴		番天马蹄	
冲天蜡烛	烛顶	渴虎饮泉	
土地捻须		饿马摇铃	
和尚打斋		美女踏车	
折角蜈蚣		孝子哭灵	
老鹰过河		狂犬吠天	
卒子过河		双蛇搅索	
五雷击电		猴子井	
蜂子噪娘		雄牛出栏	
称钩匝肉		丹炉覆火	
美女漂纱	纱头	懒妇穿针	
醉翁洒盅	盅中	寒婆炙日	
金枝椅		寒婆渗尿	阴阜
罗仙挽臂		张公献缭	阴囊
钟离抹额		凹脑天财	

心眼指要

韩信点兵		观音望海	眼
霸王开弓	眼	懒妇挨琴	
洞宾背剑	黄牛挨磨		
竹篙溜潭	将军脱甲		
走马过江	箩内盘蛇		
嘶马闻风	耳	将军勒马	
葫芦倒地	口	雄鸡展翅	羽下
倒地壶	鲢鲤吐舌		
寒虎啸尾	口	黄蜂吊薮	
倒插金钗	宝剑出匣		
落地金钱	钱孔	双箕贯斗	
苏武牧羊		雄牛斗堪	
几上琵琶		耗鼠偷仓	
虚檐滴水		灵猪捕鼠	
独木萌春		黄龙滚浪	
走马扳鞍		仙虾戏水	
黄蛇听蛤		仙鹅扁颈	
狮子摇铃		金龟背印	
美女照镜		金箭咬脐	
三仙炼丹		饿猪咆兜	
秋雨过排		猪婆乳子	
七星照月		乳犊顾母	
美女梳妆		乳龙穿雾	
架上扳毡		众蝇聚肉	
架上金盆		胡客挽弓	
凤啸应鼓		枫叶三叉	
芦花三袅		绣竹落槽	
丝莲折藕		蛤蟆泡塘	

叶里藏瓜	花子弄蛇
童子拜观音	蝴蝶采桑
双童侍读	雄牛退轭　肩
众僧拜斗	日出扶桑
金钗两股	金盘朗月
金圈侧乳	玉女摇铃
逢水安桥	凉伞遮佛
连番曲水	倒挂棕榈
梁上燕窝	寒獭守滩
太子骑龙	黑云盖雪
幕府垂帘	美女托足
仙人跨鹤	饱虎守肉
拮竹纲	金鸡团云
金鸡缩爪	群鸦飞集
田鸡跳圳	惊蛇伏坡
泊岸浮牌	平沙落雁
鹤立鸡群	猪肝吊胆
犀牛望月	天师持印剑

喝形定穴法：

因形定穴须得其象，此为喝形点穴之诀法，但可理会，却不可以拘泥。虎穴头圆，狮穴头方，人穴葬肚脐，禽穴扦翼，狮子滚球在球上，象形在鼻上，狮子仰天口真穴，金狮朝北斗列七星，七星伴月月为穴，八仙饮酒穴在肚，五星会聚寻金星，三星聚会前者穴，三仙下棋穴棋盘，五虎捕羊头虎贵，猛虎过墙虎眼下，猛虎饮泉水变穴，猛虎下山头盖寻，猛虎出林两眼穴，饱虎吐肉在肉堆，饿虎擒羊在羊身，法珠挂身是观音，观音坐莲莲花上，阴中腹脐也振扦，罗汉拜观音观音身上寻，先人伸掌掌心寻，仙人跷足扦腹脐，将军大座有盔甲，美女梳妆正穴面，美女献花花心栽，阴

心眼指要

刀出鞘寻刀口，五蛇出洞点蛇头，生蛇没泥安七寸，蟒蛇捕鼠点头皮，下山蛇形下头穴，蜈蚣衔珠鳖间下，玉带飘香水泡间，金鹅抱蛋鹅头扦，金龟孵卵亦，仙鹅下天嘴上安，燕子入窝找窝边，仙鹅戏水寻眼珠，乌鸦落田头穴是，凤凰衔书书中寻。

兽形睡卧奔走多下鼻息气堂，上山下水来去出入，取眼目山根穴，著力处在后，取后脚腹下于胸部乳穴，门在眼前山根。龙虎狮有穴在前物，禽鸟穴舞飞者下翅，饮啄者下眼啄，抱形取腹卵，项下不可扦，蛇形只有七寸吉，上山入泥可下尾，馀皆不可下。蜈蚣、蜘蛛、蝴蝶只有口之一穴，宜在口外接气脉而扦，不可纳入。鱼形在腮及后尾孔，或下网坠，出水鱼下口、引子鱼下尾，蟹形在左右眼，捕鱼蟹则下螯，虾形下左右眼及后孔，螺形下头面，食行在头、闭壳在后，鱼鳖形下左右肩、阔扁为鳖、高而圆长为龟、皆要应星，花形在花心，木形下嫩梢、开花结果处也可，金玉宝器、金器音处取、玉器精处取。刀剑在手执处或说利处、缨眼下亦可，带、几、虹、带之应、有鱼袋执笏贵人；几之应、有褥椅贵人摆；虹之应、有飞瀑湖潭小堆埠；带取鱼袋、几取中腰、虹取饮水。

29、穴形的诸凶格

鳖背：孤阴无贴砂，凹风吹穴，不开窝钳。

鳖裙：上阴下孤阳，无砂风劫。

金刚肚：空圆虚肿，无砂无护，不开窝钳。

判官脸：乱坑乱堆，乱横斜扯，不分不合。

棕榈叶：一脑多枝直向外，有分无合，真水不归，山脚两开。

夜叉头：两脚不收各分别，中现一水，流泥直去，如茨菰叶。

披廉杀：乱火贴身，天空地尽，搬绘背手牵绳。

覆背筲箕：纯阴无窝，头圆背拱，尾齐。

仰起筲箕：纯阴无突，少顶无脉，口长。

荡体荡面：龙散无结为荡体，恰如江湖浪不宁；水散无聚为荡面，中无气聚少合分。

30、定穴时的诸忌词语

斗气盖面	满面水	脱脉离气	一派阳
有分无合	水不起	有合无分	懒胆气
界水淋头	牛皮背	界水割脚	欠到头
满面模糊	少阴阳	岩壁斗气	不开口
离脉冷退	少窝钳	伤脉截气	硬面无合
撞脉斗气	欠虾须	山脚无脉	少界水
堂下深坑	头模糊	脚鼠前科	虚花穴
兜金无锁	假面头	孤露风吹	欠包裹
纯阴闭塞	两风吹	口阔无收	露而不隐
闭口屈气	痈肿大	窝内葬深	冬瓜肚
露更葬浅	狗脑头	两边天空	榴槌头
前朝路射	无枝节	金土无气	硬木直撞
木火直硬	玄武嘴	火不成火	长吐舌
土星不正	急硬蠢	木不成木	尽无情
金星馒头	金头木脚	金水不正	阳中阴胜
仰天瓦口	阴中阳胜	倒插禾丫	阳散阳窝
竹枕茶槽	阴散阴窝	冬瓜梨叶	穴后仰瓦
扫帚燥火	面前阴泄	斜拖摆曲	披廉阳面
打破球檐	到头雄急	文曲淋头	虎口阿叉
破军叉口	平阳浅突	无分无合	高山深葬
水歇源尽	八方风杀	浅埋土皮	后靠天空
上直下漏	前朝地漏	龙虎不抱	水不上堂
势雄直下	下手无砂	裁脉伤龙	到头无气
水直无收	穴前无余	土质松灰	青石难锄
土色青黑	伤肉露骨		

心眼指要卷四

沈禹平 著

天成象地成形

在天成象，在地成形。形之所在，象之所生。所以说：天有日月，则地有太阴、太阳、日月含精、祥云捧日、星月交辉、日月合壁等形。

天有金星，则地有节苞、乳突、悬钟、覆釜、等形。

天有木星，则地有冲天、倒地、鋂篮、曲尺等形。

天有水星，则地有漫天、涨天、浪勇、舱板等形。

天有火星，则地有廉贞、文笔、火旗、红焰等形。

天有土星，则地有御屏、玉屏、看榜、天财等形。

总而言之，总不外乎在天垂象，地呈形是也。是故，形无不应于象，气无不现于形，故曰形之所在，象之所生也。

【白话注解】

本篇精华，在论"平洋龙"及"水穴"，唯立论平正而不求奇，故亦可参考。章仲山辑入此篇，或亦以为论水穴之书不多，故特为录出。今之相阳宅者众，相阴宅者少，是更宜细读此篇，求知大略也。在天成象，在地成形。形之所在，象之所生。

水口须辨得失

水有得失，必宜详细辨别，然后再看其来去形局。去多则来多，去少则来少，能消一分之去口，必能纳一分之来情，能消十分之去口，必能纳十分之来情，理势如此必然也。

奈何拘于水口不容舟之说，一见去口宽大，即欲阻塞。熟知去口一阻，则来水不能利导，必然分流而借道于他方矣。小阻小退，则大阻大退，势所必然，故水口只要屈曲交互，望之似不通舟，迢递悠长，织合叠为关锁者，悉为上吉，而水路之大小则不用计较。更有潆汇而成潭的，钟聚而成漾的，从然浩大，必多蓄而不涣，用又得宜，水虽浩大，仍有益于我也。至若汪洋直逼于去口，巨津照见乎下手，夫然后喜下砂之紧关、罗星之镇塞，捍门、华表、日月、三台、游鱼、禽曜、龟蛇、狮象、以及丛林、杰阁、桥梁等物，在所必需，而非谓往复留连，悠扬宛转之地也。认水口者，须认得失，方可神明其际矣。此所谓得水者，非诸家五行所谓得，是大玄空五行之所谓得也。

【白话注解】

俗师拘于去水口宽则泄气（更俗者则谓泄财），于是堵塞水之去口。本段即明其弊，盖水口一堵，形成枝流反而退泄，若以马路街道为水口，则须据此理而判气之散聚。旺路若多分枝，必有忽然静寂之横街、小巷，此则正为纳气之处。故旺中带静则为散气，而静中带旺反为聚气。静中带旺者，一出街巷即为旺地，故虽静亦能纳气旺路一段忽然变静，则必因前后多散气之横街小巷。此即水有枝流，气必退散之理。故水口只要屈曲交互，望之似不通舟，迢递悠长，织合迭为关锁者，悉为上吉，而水路子之大小勿计也。此即所谓水如织锦，以有包藏故吉。更有潴汇而成潭，钟聚而成漾，纵然浩大，必多蓄而不泱，用又得宜，水虽浩大仍有益于我也。

此则如都市之大型停车场，停车则等于汇聚。若大型回环路，或天桥之类，水去无情，且多扑面荡胸割脚，焉能有用。此所谓得水者，非诸家五行所谓得，是大玄空五行之所谓得也。汪洋逼水口之类，则有如天桥、隧道出口之类，则宜收纳其气。若以天然水口言，则喜获砂，前案等收气。然水非只论形，仍须凭理气而定吉凶，故末段特笔点明，须用玄空排龙及挨星而定得失。

水缠玄武要关照有情

凡水谓之缠玄武者，一在入口朝堂之后，又复绕抱穴后，回巧献奇，有情照穴者而言。此取顾我欲留之意也，一在水顺行之际，忽然逆抱兜收，有情顾穴者，更有恋恋不舍之情状者是也。用法苟能天元取辅、人地兼贪，方谓尽善。

【白话注解】

"天元取辅"，"人地兼贪"，方谓尽善。天元取辅、人地兼贪乃论排龙法。体用结合才为择地最高境界。

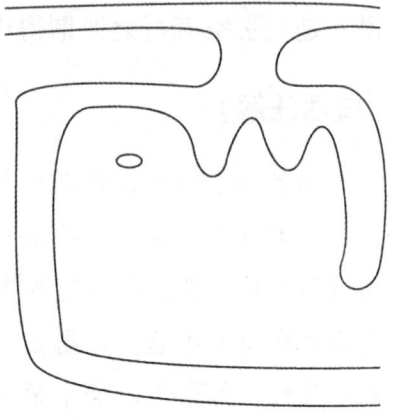

寻龙点穴须合玄机

平阳龙法，眠倒平铺，有不统观全角全势。凡遇一钩一搭之所，似乎面面有情，处处可下穴，孰不知此处并非真气所注。故必得统观全局，追踪寻脉，方晓一切勾搭，悉属随从之翼辅、扛送之枝脚。如此，真真假假，是是非非，苟能了解心目，洞若观火，便可察气脉、审力量。辨贵贱、较轻重、判吉凶，真是易如反掌。所说玄机者，即上文得失之玄机者是也。

【白话注解】

寻龙点穴须合玄机，在讲到平阳龙法，眠倒平铺，有不统观全角全势，凡遇一钩一搭之所，似乎面面有情，处处可穴，孰知并非真气、所注。故必得统观全局，追踪寻脉，方晓一切钩搭悉属随从之翼术，枉送之枝脚。如此真真假假、是是非非，希能了然心目，洞若观火，便函可察气脉，审力量、辨贵贱、较轻重、判吉凶、真易如反掌。所云元机者，即上文得失之元机者是也。此即谓须按排龙，由发源处，追寻至入首，务必一卦纯清然后始能称为"统观全局"。若仅一水口成形，无非钩搭枝脚而已，非真来龙结气处也。

作用贵得师传

相地全凭形势，形势妙妙在理气，理气贵乎点穴，点穴全赖山向。

山向是理气之主宰，不可不在意。至于立穴之法，更有浮沉、伸缩、顺逆、颠倒、直达、补救之玄机。山上龙神，水里龙神，分理清楚。山管山，水管水，山管人丁，水管财禄，皆至妙至精之诀，《青囊经》、《天玉经》言之详矣。经在是，则道在是，苟能穷究《青囊经》、《天玉经》之至理，配合生生不息之妙义，峦头理气之精微，求得名师指示真传，你就可以论峦头理气之玄机矣。学者勉乎哉。

【白话注解】

此处将明白了一个道理，相地全凭形势，形势妙妙在理气，理气贵乎点穴，点穴全赖山向。山向是理气之主宰。山管山，水管水，山管人丁，水管财禄，至妙至精之诀，这些都是风水的精髓部分。

水法真机须在遍证名地

水夹龙行，龙随水转，因水势之，南北东西，察龙势之分合行止。不论大干小枝，有结聚必有界落，墩砂之胎伏，护从之迎送，桡棹之开帐，旅驿之停顿，关峡之转折，凹凸之施受。既而水交砂会，行止气蓄，或兜洪藏蓄，或内外砂水逆漼顺抱，而明暗分合之情形出焉。

因而观之，右旋左旋，是尾是腹，察水之直来横来，单行双行。审势之偏侧欹斜，腰受耳受，相穴之有凭有据，应吐应吞。观水之左到右到，看城门之在前在后，何干何支。然后立穴宜乘龙之生气，细察水之得失，对三叉、细认纵，察血脉、认来龙，纳三吉、避四凶。明此，则知龙有龙之生旺，水有水之生旺，向有向之生旺，坐有坐之生旺。由是，龙要合向，向合水，水合三吉位。虽变通之在我，悉循乎造化之自然。要之：体之静者，当于生动出求之，用之变者，当于盈虚消息中得之。此其大略也。

术家不得其传，胡行乱作，无所不至，甚且开凿填塞，强彼就我，遂致纵横奇正之格局，皆成吉凶莫测之陷阱，此不学无术之病也。

旨哉——杨公之言曰：阴阳动静如明得，配合生生妙处寻。学者当细心考究其玄微，以扼其要。次察水里龙神之得弗得，以神其用。然后偏证名地，势如破竹，迎刃而解矣。

祖宗父母胎息孕育图

【白话注解】

水夹龙行，龙随水转，因水势之南北东西，察龙势±分合行止。不论大干小枝，有结聚必有界落墩砂之胎伏，获从之迎送，挠棹之开帐，旅驿之停顿，关峡之转折，凹凸之施受。

城市道路亦然。审其结聚，可由停顿，转折处着眼，于获从，则或为两旁平行街道，或为大商场、车站之类。神而明之，其理自得。既得水交砂会，形止气蓄，或兜拱藏蓄，或内外砂水逆萦顺抱，而明暗分合之情形出焉。故察城市道路，须统察一区，不可只能察者察，难察者则不察，此可以详细街道图或地政图作辅助。只察路之一段，何能知其"兜拱藏蓄"、"逆萦顺抱片耶。而观之，左旋右旋，是尾是腹，察脉之直来横来，单行双行；审势之偏侧倚斜，腰受耳受；相脉之有凭有据，应吐应吞观水之左到右到；看城门之在前在后，何十何支，然后立穴宫，乘龙之生气，细察水之得失，对三义、细认踪、察血脉、认来龙、纳三吉、避四凶，明此则知龙有龙之生旺、水有水之生旺、由是龙要合向、向合水、水合三吉位、虽变通之在我，悉循乎造化之自然。

此乃先有一宅穴，然后相形度势。故先观水脉及城门，然后定穴之山向。山向既定。再按排龙之合不合。阳宅必须依此步骤察看，然后始合法度。俗师仅量卜宅向，即天花乱坠，无非凭几句《紫白诀》而已。甚至《紫白诀》亦不讲，则更江湖。要之，体之静者，当于生动处求之；用之变者，当于盈虚消息吵得之，此其大略也。所谓"生动"，即指生旺气所到。所谓"盈虚消息"、即指水口城门、宅内门路之类。若为阴宅，即指前案后土而非门路。

术家不得其传，胡行乱作，无所不至，甚且开凿填塞，强彼就我，遂致纵横奇正之格局，皆成吉凶莫测之陷井，此不学无术之病也，旨哉，杨公之言曰：阴阳动静如明得，配合生生妙处寻。学者当细心考究其元微以扣其要，次察水里龙神之得弗得以神其用，然后遍证名地。势如破竹，迎刃而解矣。生生妙处，乃全部玄空之元机。一切口诀，无非皆欲寻得此"生生妙处"而已。此岂七运但求七。星当门，八运只知八星到户而已。

收水须当得水

收水者，得水之谓也。得水则吉，失水则凶。水之形局虽好，但逢死气皆无取，故以得水为要也。水贵蓄而不涣，静而不湍。小界水蓄气脉，大干水养龙神。小界水为乳水，为元辰，为胎息孕育之水；大干水为财源，为配合，为饮食供奉之需。故理气之旨为，阴阳配合，雌雄相见；不上山不下水。又说得山得水云者，谓山上、水里之玄空得生旺为先也，并宜先到先收，此真要诀也。

【白话注解】

收水者，得水之谓也。得水则吉，失水则凶。水之形局虽好，但逢死气皆无取，故以得水之要也。水贵蓄而不涣，静而不湍。小界水蓄气脉，大干水养龙神。小界水为乳水，为元唇，为胎息孕育之水；大干水为财源，为配合，为饮食供奉之需。故理气之旨曰"阴阳配合"、曰"雌雄相见"。小界水蓄气脉、大干水养龙神，乃至要语。故城市大道与街巷之作用即不同。必互相参关审察，然后始能得形势。更合理气，则形势始为可用。不上山、不下水，又曰得水。得水云者，谓山上水裹之玄空得生旺为先也。并宜先到先收，此真要诀也。先到先收，谓以近处之水为主，过远则便无用。干龙正结龙有正落、傍落之不同。正结者，脉必中抽，此谓之正出。枝脚挠棹，重重转换，节节收放，虽流走之中有整齐之致，而龙虎交互、堂局宽下、获托端正、四应完美，如莲花包裹莲房者。又须审祖宗来历，力量如何。大道不泄气，即"流走中有整齐之致"。横街虽多，而有放有收，斯即为整齐矣。挠棹者，如行船之棹，虽向两旁，而情则仍在主脉。龙贵侧结所谓测结者，如大干行龙，递递迢迢，或左或右；枝脚挠棹，洋洋洒洒，侧在一边。如人之侧立侧卧，如花之有侧面，文之有侧笔，有正不能无侧，理势使然也。平洋大路有一边路旺，一边路静者，此即侧结。然须察其形势气概，与全局无不关合；情性气脉，与统体仍自联贯，及至到头，虽极大地面，而精神无不收摄于一侧处，乃侧结也。第恐初学一见侧结之地，误认为偏，误认为枝耳。不知偏是通体不贯，枝乃边角留情。是故侧结之力量大异于枝结，较胜于偏结，无异于正结也。特其结构之形，或头或秀，为重为轻，有贵有贱，又非一定之格可以拟议者也。

通体不贯，乃路有一段静，一段旺。边角留情，乃枝水与正干之接脉处大旺，由是分正龙之气。如大道与横街交角处横街若能成枝水，转角铺位必旺。回龙逆结回龙与逆龙相似，但逆则遍体皆逆，回则顺来而逆回。只在入首一节。故凡言回龙必兼言顾祖，深有理在乎其言也。若竟遍体皆逆，则离祖必远，纵有祖可顾，支离不切矣。且回又与蟠结相似。然蟠必渐渐蟠旋而结，回则不然。

干龙正结

龙有正落、傍落之不同。

正结者，脉必中抽，此谓之正出。枝脚桡棹重重转挨，节节收放，虽流走之中有整齐之致，而龙虎交互，堂局宽下，护托端正，四应完美，如莲花包裹莲房者。又须审祖宗来历、力量何如。

【白话注解】

挠棹者，如行船之棹，虽向两旁，而情则仍在主脉。此处讲的龙脉结穴时的几种方法，在此在下面有详细讲解。

论龙出脉三格

凡龙之穿落缠变，皆有出脉，其格有三：曰中出、左出、右出。其融结力量大小轻重，皆于此决之。廖氏云："穴后落脉要中出，中出方为吉。左出为轻右更轻，轻重此中生。"是真伪美恶，祸福吉凶，皆胚胎于此，寔地学之关键，不可不察也。

中出脉图	以此为例，凡两畔山形均匀者皆是，不论起顶降势，或高或下。中出脉者，受穴之龙自离祖、出身、落脉及过峡、落穴等处，脉从中出，左右均匀，蝉翼仙带，夹护齐整。或开帐贯中出脉，谓之穿心；或列屏台盖星，而脉从中落；或左右摆布均匀，而脉从中发，皆谓之中出脉。若护山周密，不被风吹，则其融结必真，力量必大，主巨富显贵。凡贤人君子，一切光明正大之士，皆中出脉所孕毓也。
左出脉图	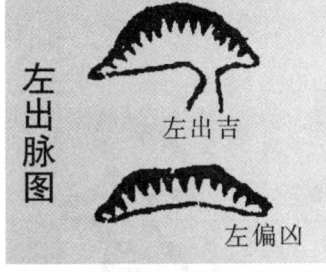 左出脉者，龙之出身、发脉，及行度、过峡、入穴等处，脉从左畔而出。山之形势，左少右多，两畔不均。只是蝉翼、仙带及外从皆照应周密，故前去亦有结作。若偏旁出脉，而从山不周，则无融结，不必追寻矣。
右出脉图	 右出脉者，龙之出身、发脉，及行度、过峡、入穴等处，脉从右落。山之形势，右少左多，两畔不均。只是蝉翼、仙带及外从皆照应周密，故前去亦有结作。若偏旁出脉，而从山不周，则无融结，不必追寻矣。
护脉砂图	凡脉之左右微有形迹，护脉出身者，名蝉翼，亦曰蝉翅。而旁送脉之砂高大而长，名曰仙带，欲其均匀。

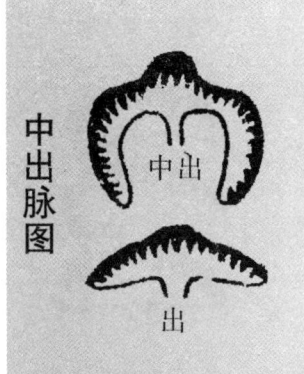

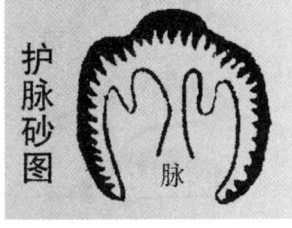

　　以上出脉三格，中出为上，左出次之，右出又次之，左右全偏则无足取。但山龙变态不常，固有前中出而后偏者，亦有前偏出而后中者，又有交互中偏者，又有似偏而寔中者，必须详辨，庶得

心眼指要

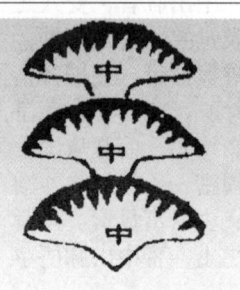

其情性之真。图具下。

此全是中出，至贵，主文章勋业荣显，王侯极品。

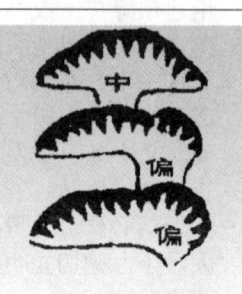

此先中出而后偏者，不吉。纵有形穴，小康而已。

此先偏出而后中者，亦作次格，主小贵巨富。

此交互中出，亦主富贵，而心术不甚正矣。

此交互偏出，一左一右，却相承应，亦作吉格。

此似偏出而实中者，不可误作偏斜，主文章荣显。

此格似中出而实偏，然节节相称，而脊脉屈曲均匀，亦作次吉。

此亦中出之格，最为闪巧，然而亦作吉，主贵而不至极品。

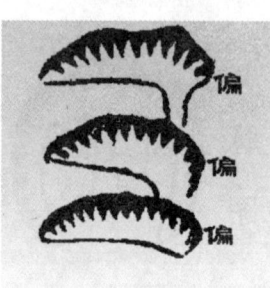

此则全偏，不能结地，只作奴仆砂。

论龙受穴三等

凡龙之受穴，初落、中落、末落之外，又分三等。其力量轻重，亦有不同。所谓三等者，曰正受，曰分受，曰旁受也。正受之穴，力量极大，发福悠久；分受次之，旁受为下耳。此以力量大小品其优劣。但结作真实，三者皆吉，不可以旁受力量之小而专一图其正受之地。明师下地，如大匠用木，大者为橡，细者为桷，榱栌榠欂1居楔，各当其宜，岂可以其为小材而弃之？卜氏云"大富大贵而大者受用，小福小吉而小者宜当"是也。大以成大，小以成小，良师岂可无善裁之术乎？

正受穴

正受者，龙势迢迢，虽分牙布爪，万岭千山，皆为我用，千里百里，尽钟于此。而特结正受之穴，其力量最大，其发富最久。《至宝经》云："正龙专受，富贵长久。"

分受穴

分受穴者，正龙身上分出一枝，起星辰，有枝脚，过峡传变，皆有护卫。自立门户，自开堂局，以结形穴，不为他人作用神也。但非正枝，乃分落之龙融结者，故曰分受穴。力量随龙长短，亦能发福，但不如正受之长远耳。《至宝经》云："挂龙分受，富贵难久。"

旁受穴

旁受者，多是正龙旺盛，或于过峡处，或于枝脚桡棹间，或于缠送护托从龙之上，或龙虎余气、官鬼之所，带有小穴。傍城借势，或别立门户，随其大小，结为形穴。穴情明白，四面登对，亦能发越，但易成易败，力量全轻。子微《玉髓真经》云："也有一龙生数穴，或轻或重故有诀。"杨公云："千里来龙只一穴，正者为优旁者劣。"蔡西山云："大凡一龙，不专一穴，本身随带，必有小穴。如大官宦必有从官，大衙府必有曹属。第轻重大小不同耳。"此旁受穴之谓也。然此等小穴，发福极速。但正穴下后，夺其龙气，必败。诀云："正龙未下旁龙发，下了正龙旁龙歇。"《捉脉赋》云："真穴未葬，虽边傍而可发；正穴既下，尽气脉以兼收。"此之谓也。

龙贵侧结

所谓侧结者，如大干行龙，递递迢迢，或左或右，枝脚桡棹，洋洋洒洒，侧在一边，如人之侧立、侧卧，如花之有侧面，文之有侧笔。有正不能无侧，理势使然也。然需察其形势气概与全局无不关合，情性气脉与统体仍自联贯。及至到头，虽极大地面，而精神无不收摄于一侧之处，乃侧结也。第恐初学一见侧结之地，误认为偏，误认为枝耳。不知偏是通体不贯，枝乃边、角留情，是故侧结之力量大异于枝结，较胜于偏结，无异于正结也。特其结构之形，或顽、或秀，为轻、为重，有贵、有贱，又非一定之格可以拟议者也。

【白话注解】

　　所谓侧结者，如大干行龙，递递迢迢，或左或右；枝脚挠棹，洋洋洒洒，侧在一边。如人之侧立侧卧，如花之有侧面，文之有侧笔，有正不能无侧，理势使然也。平洋大路有一边路旺，一边路静者，此即侧结。然须察其形势气概，与全局无不关合；情性气脉，与统体仍自联贯，及至到头，虽极大地面，而精神无不收摄于一侧处，乃侧结也。第恐初学一见侧结之地，误认为偏，误认为枝耳。不知偏是通体不贯，枝乃边角留情。是故侧结之力量大异于枝结，较胜于偏结，无异于正结也。特其结构之形，或头或秀，为重为轻，有贵有贱，又非一定之格可以拟议者也。通体不贯，乃路有一段静，一段旺。边角留情，乃枝水与正干之接脉处大旺，由是分正龙之气。如大道与横街交角处横街若能成枝水，转角铺位必旺。

回龙逆结

　　回龙与逆结相似，但逆则通体皆逆，回乃顺来而逆回，只在入首一节，故凡言回龙，必兼言显祖，深有在乎其言也。若是通体皆逆，则离祖必远，纵有祖山可观，支离不切矣。且回龙结穴又与蟠结相似，然蟠龙必渐渐蟠旋而结，回则不然。然回龙之局，其格不一，有龙顺来而逆回结者，有逆来而顺回结者，有正脉出于奇穴，有巧藏于拙者。总以注意回旋，情多往复者为佳者也。

【白话注解】

　　回龙者，乃翻身顾祖而结穴者也。《经》云"宛转回龙似挂钩，未作穴时先作朝。朝山皆是宗与祖，不拘十里远迢迢"是也。

心眼指要

然亦有大回龙、小回龙及盘龙穴等格，皆是也。

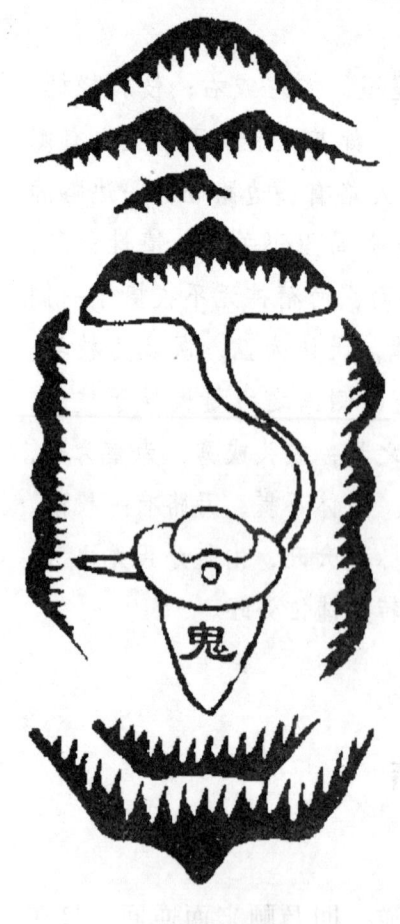

回龙与逆龙相似，但逆则遍体皆逆，回则顺来而逆回。只在入首一节。故凡言回龙必兼言顾祖，深有理在乎其言也。若竟遍体皆逆，则离祖必远，纵有祖可顾，支离不切矣。且回又与蟠结相似。然蟠必渐渐蟠旋而结，回则不然。然回龙之局，其格不一，有顺来而逆回者，有逆来而顺回者；有正出于奇，有巧藏于拙者，总以注意回旋情多往复者为佳也。都市马路之回龙、蟠龙、大繁不便举例。枝龙杂结干结既已发明，枝结不可不辨。干结通体全贯，力大而福荫悠绵；枝结全体不贯，偏促而发小易衰。如但识龙穴，不识枝干，岂能分轻重而辨优劣哉。今秉枝结为四格：一曰枝中干；一曰干中枝；一曰纡曲特结；一曰钩曲杂结，循序而观，则知枝结之情状若是，愈可见干结之不同凡响。阳宅不拘枝龙，入首有情，发福依然悠久旷此即纳气之与乘气不同。

回龙入首

在理气方面多结做"双星到向"的格局，并且回龙顾祖不怕案山高压。

枝龙杂结

干结既已明白，枝结不可不分辨。干结通体力量全部贯注，力大而福荫悠绵。枝结全体不贯，偏促而发的小，容易衰。如但知龙穴，不识枝干，岂能分轻重而辨优劣哉？今汇枝结为四格：一曰枝中干，一曰干中枝，一曰纡曲特结，一曰钩曲杂结。循序而观，则知枝结之情状若是，愈可见干结之不同凡响矣。

【白话注解】

干结的道理既已明白，枝结不可不详细再分辨一下。干结的穴力量大而且福荫悠绵；枝结的龙力量小，发的小，并且也容易衰败。光识龙穴，不识枝干，怎能分轻重而辨优劣哉。枝干总的来说有四种格式：一种枝中干；一种干中枝；一种纡曲特结；一种钩曲杂结，循序而观，则知枝结之情状若是，也可见干结之不同凡响。阳宅不拘枝龙，入首有情，发福依然悠久旷此即纳气之与乘气不同。刘伯温《堪舆漫兴》上说"寻龙枝干要分明，枝干之中别重轻。欲识真枝与真干，短长界水得其情。"徐善继《人子须知》云："枝者小龙也，犹树之枝叶，树身大者，枝叶必繁。"以水流夹送观龙，大枝龙以小溪小涧夹送，小枝龙以田源沟渠夹送。风水家认为，龙穴以干龙结穴为佳，故寻龙向以干龙为主，枝龙有穴虽有形，不若干龙力大，因枝叶繁乱，多非正穴。识得真龙而葬者，其家也多福禄寿喜。不论龙大龙小，在枝干之中，又各有大干龙、小干龙、大枝龙、小枝龙。就像我们常说的干中有干，干中有枝；枝中有干，枝中有枝是也。所以看龙不可不辨枝干，论枝干又不可不辨大小，以审其力量之轻重也。

枝中干结

　　枝中之干大率多带仓库,连递数节,束咽到头,有盖有托,似与干结无异。

　　若细察全体,及一方形势,必分枝擘脉,即外方砂水,亦不能悉数来照应,此可以测识其为枝中之干矣。所以说全干之结,纵然少有灵秀,而区局自远,若枝中的干,虽极灵秀而规模自然小,因集"枝中干"为一格。

【白话注解】

　　做个最简单的比喻我们在城市里,主干道和一般的道路,从气势和质量上是根本没法可比的。还有国道,省道,县道和乡道,村道差别的明显程度,不可同日而语。

干中枝结

　　干中枝,不及枝中干。

　　盖以其来历不能远通,力量终归浅薄,若局气清,亦能速发,终不耐久。专为局紧气清,来历不远者言之耳。然也有不可尽拘者,当看随砂水疏密,及用法得失,这样做才可以占验大小好坏可也。

【白话注解】

干中枝不及枝中干，我想在尊贵方面，干中枝也是比不过枝中干的。下文讲的"及用法得失"，不但有峦头枝干的用法，在理气方面也有很大的讲究。

纡曲特结

地有特结于纡曲者，往往似干非干，似枝非枝，忽然奇纵异迹，隐显莫测，偶露机关，精光独辟，真得天地生生之气，不可以常格律者。

或有滋蔓游行，错综变幻，顿起头角，偶布枝脚，界成形势，仅可以一节取者。即谓之纡曲特结。

【白话注解】

纡是弯曲，绕弯的意思有一种指地位高的转而主动地降低身份，接近地位低的意思。地有特结于纡曲者，往往似干非干，似枝非枝，得天地生生不息之气，不可以仅可以一节取者，即谓之纡曲特结。城市少此形势。或则公路两旁之小镇，每见显隐莫测之局。

钩搭杂结

平阳之地上乘结穴，为干结，为变体，为会局。下乘结穴为枝结、杂结。至于钩搭结穴，则搜剔无遗矣。

心眼指要

但上乘之地，照应或十里、五里，或数十里，始结一局，寻觅之不易，购买之甚难。下乘之地，随在皆有，举目便见，遇之不难，得之亦易。

若专主上乘，则平户之家，求之甚苦，势必稽迟岁月，一失机会，葬无日矣。

故于枝结之次，复集钩结为一格，一以使人知干结之为贵、会局之为尊、变体之为奇；一以使人知一枝、一节、一钩、一搭，易见易觅，随地可作，不烦往复留连，不劳举趾追踪，遥望即可指点，顿足便可立穴，无论贫富悉可因时利导。苟能体用两字，随在各得，亦能发福，岂不闲且便哉。

【白话注解】

钩搭杂结平阳上乘为干结，为变体、为会局。下乘为枝结、杂结。至于钩搭，则搜剔无贵矣，所谓钩搭，即非干脉，亦不成枝脉，仅借干枝停储处而成小局面。

层窝穴说勉强举例，譬如港台天桥底小路两侧之店铺。小街小巷亦多钩搭杂结之局，此则须实地勘察始知。但上乘之地，照应或十里五里，或数十里始结一局，觅之不易，购之甚难，下乘之地，随在皆有，举目便见，遇之不难，得之亦易。若专主一乘，则平户之家求之甚苦；势必稽延岁月，一失机会，葬无日矣。故于枝结之次，复飞钩结为一格，一以使人知干结之为贵，会局之为尊，体之为奇；一以使人知一枝一节一钩一搭，易见易觅，随地可作，不烦往复留连，不劳举趾追踪，遥望即可指点，顿足便可立穴，无论贫富，悉可因时利导，苟能休用两字随在各得，亦能发福，岂不问且便哉。钩搭小地若能借干脉之气，发小富贵亦可悠久，至干脉变而始随之而变。此所以小巷亦有名店。

穴法心法

平阳穴法，从古未会发明，予因遍阅古今名墓四十余年，兼综条贯，阐为十二法：曰展窝；曰开钳；曰垂乳；曰抛突；曰飞边；曰吐唇；曰骑龙；曰斩关；曰合襟；曰挂角；曰天池；曰石巧。其名目虽有类乎山法，而指归实专论说平阳，故曰穴法。折自鄙衷，由于阅历，方始布图立，援据引证，以相发明。但世之讲求斯理者，共晓平阳穴法，有如是之形象，如是之星体，如是之变化，如是之征应。学者诚能操次要领，守约该博则山龙平阳之穴法从可破的矣。再进而参之以心法——上山、下水之趋避，直达、补救之玄机，则葬乘生气及察血脉，认来龙，对三叉，细认纵观之旨，果能了然心目，洞若观火。如是，则心法、眼法自可造乎其极矣。

【白话注解】

平阳穴法，从古到今天都没有说多明白，我因为遍阅古今名墓四十余年，综合总结起来共有十二种穴法，一展窝法、二开钳法、三垂乳法、四抛突法、五飞边法、六吐唇法、七骑龙法、八斩关法、九合衿法、十挂角法、十一天池法、十二石巧法，其名目虽和山法的穴名有点相似，而在此实际上讲的是平阳穴法。平洋水龙与山龙形势，实可彼此参用。故精通龙山龙穴法也必精通于水龙穴法，知水龙穴法也必知山龙穴法。以下言穴法，然于心法则再三提出，一定要明白作者的用意。

风水先生认为穴是天造地设，既有生存之龙，必有生成之穴。风水先生认为点穴是一件很难的事。"三年寻龙，十年点穴"。龙脉绵远，穴场大者不过数十丈，小的不过一二丈，在这中间再找出一个八九尺的中心穴位，绝对不容易。看过龙脉和明堂后就要点穴，穴点错了则一切枉然。《青囊海角经》卷三《点穴》云：定穴之法如人之有窍，当细审阴阳，熟辨形势，若差毫厘，谬诸千里，非惟无福荫祐，抑且酿祸立至，可不慎欤！

点穴有什么奥妙呢？有，点穴无他法，只是取得生气出，收得生气来，不可生搬硬套，灵活运用，古人千言万语，但是奥妙只在头脑里装着，有头脑就有奥妙，眼于形心于法。以下是先贤点穴经验集合，仅供参考

1 凡遇石山宜寻土穴，那里的土色如显红黄色，就表示那里的气脉冲和。在石山上若找不到土穴就不要扦，如所见穴土的颜色为红黄色，这就表示穴中的气脉冲和。

2 在土山上却宜寻找石穴，如石色为紫白色，表示其质地温润。若在土山上找到石穴，则石穴一定要显紫白色，而且质地温润的才主吉，如坚硬得如顽石一样则主凶。

3 如果在石山上只有石穴，则必须穴石柔脆可锄才为吉。所谓柔脆也意味着穴石的质地温润。

4 如果在土山上只找到土穴，则必须土质精强才是好的。这时土质不宜太润净。

5 如找到土穴，则要求土质纹理紧密，似土而非土，即上文所说土穴精强的意思。

6 如找到石穴，则要求石质颜色鲜明，似石而非石，即上文所说的石穴柔脆的意思。

7 在土山上找石穴，即是柔里钻坚的意思。在石山上找土穴，即是韧中点脆的意思。

8 在支龙上如果有很多石头，剖开来看必须要有异纹。所谓支龙即是土山上的石穴，以石质显示异纹为贵。

9 在垄穴里的穴口，锄下去要不起烟尘。所谓垄穴，指的是石

山上的土穴。那里的土质必须细嫩可锄，如间杂有顽粗的石块，以至锄下去飞烟迸火的，则主凶，所谓平尖，即是葬口。

10 墓穴的土质顽硬的，则不能收蓄生气，土质松散的，则真阳不居。墓穴内的泥土以冲和为贵，既不要顽硬，又不要松散。所谓真阳，也就是生气。

11 在龙舌尖的部位开穴可以稍下，但不要伤着龙唇。伤着龙唇部位，则墓穴太卑下反而失穴。

12 在龙齿部位可以扦穴，但不要太近骨，扦穴近骨则位置太高，反会伤龙。

13 遇着阴脊象鸡胸切玉一样时，需要分清老嫩和交襟。所谓老嫩，即是阴阳，所谓交襟，即是界水。阴脊的来势要象鸡胸一样，不能阴来阴作。

14 平阳地则要象鸠尾，要识别刚柔和界限。所谓刚柔，也就是阴阳，所谓界限，也就是交襟。墓穴所在的平阳地要形如鸠尾，不可阳来阳作。在处理这些情形时，说理既要清楚，也要有眼力。不然的话，明明是阳却说成是阴，明明是阴却说成是阳，那样虽然熟诵这篇经文也没有什么益处。

15 虽然明白寻找吉地的办法，却无裁剪墓穴的能力，倘若作用有了参差，就难给其人带来和平福泽，因为其中的毫厘之谬，就有如隔万山的差别，一尺一寸的不同，就有千里的变异。这里所说的裁剪和作用，指的都是穴法。

16 作穴时发生阴阳吸嘘，带来的祸患有舒惨的不同。阳作时必须借助阴气的一吸，阴作时必须借助阳气的一嘘，这就是阴来阳作，阳来阴作的意思。若阳来阳受，则祸患来得舒徐，阴来阴受，则祸患来得惨急。

17 如果墓穴显得阳弱阴强，当作穴时要用正回法。所谓的夫弱，就是阳弱，这时作穴宜用正球法。所谓妇强，就是阴强，这时作穴宜用架折法，这里指的是墓穴的正面和侧面而言。

心眼指要

18 墓穴的形状象覆掌或仰掌，其中就有阴阳的区别。作穴用明球或暗球法，其中有强弱的区别。墓穴形如覆掌，表示阴。形如仰掌，则为阳。阴形而用明球法，显然为强，阳形如用暗球法，隐然为弱。所说的覆掌仰掌，指的是墓穴的形状。所说的正球架折，指的是作穴的方法。都是承接上文而言。至于所谓舒惨吸嘘，并不是星相家所说的阴龙阳向，阳龙阴向的意思。

19 相穴时要先用倒杖法定下墓穴的位次，再用竖竿法定其坐向。相穴时要先看脉气的阴阳强弱，用倒杖法定下墓穴的位次。再按倒杖所指的地方，竖竿牵绳，分出坐向。

20 从墓穴两旁流水的三分三合中，反映出穴土乘金的意义，从流水的两片两翼中，可以观察到相水印木的情形。乘金、相水、穴土、印木是四种穴法，记载在郭璞的《葬经》上，要从穴旁流水的三分三合和两片两翼中求得。

21 墓穴的脉气就象灰中的线条，毡里的氂毛一样微茫仿佛难辨。墓穴的脉气十分微茫仿佛，必须有法眼详细观察才能发现，岂能鲁莽从事。

22 墓穴有适宜左乘的，有适宜有接的，切忌弄错，呈现翻斗斧头情状。墓穴有适宜左乘的，即用乘金法，有适宜顺接的，即用印木法。用右接，或应右接而却用左乘，就是斧头翻斗了。

23 墓穴呈现后缩前伸形状时，切忌凿伤龙穴的钗股。所谓后缩，是指吞葬，即用穴土法。所谓前伸，指的是吐葬，即用相水法。用相水法时，墓穴位于龙的承浆部位，所以称为水伸缩。使用这两种穴法时都贵在得宜，不可伤龙失穴。所谓龙穴从来怕二伤，指的就是怕凿伤钗股。

24 墓穴来的的双脉，最好是短股，但如不顺穴情，就应该从权变通。双脉求短，这是正穴法，但如穴情不适宜短股，就应当从权变通，不必执短股之说。

25 脉气如欲挨生，必须枕在墓穴的薄边，但如不合穴情，也当改变方法。挨生枕薄，也是正穴法。但穴情如不适宜枕薄，则又应当改变方法。大抵相地主要是相墓穴情意所钟的地方，需要随时灵活通融，不可过于拘执。

26 作穴时要观察上下的分龙、滴水，前后的接气、迎堂的情况。墓穴上部的分龙，下部的滴水，前面的迎堂，后面的接气等部位应予以保护，这是变法中不可变，从权中不可移的部位。

27 穴法中要求作天心十字，并不是夫妇同行时不配十字。作穴时要定天心十字，这是前后左右四应的中心。龙法中也有不配十字的情况，即在夫妇阴阳二气同行时。夫妇同行一路收，阴阳不配两边流，水分十字扦须架，若也无分只枕球，所说的十字与天心十字不同。

28 看到水抱尖圆的情况，许多人会错认为是穴前界土，如果看到气分互换的情况，人们常常则误为坐下交襟。这里说的是气脉闪跃，流行而未停止的时候，人们没有详细观察，就将水抱尖圆的情况，错认是穴前界土和坐下交襟，却没有看到这时气脉是分为左右，互换而前行，这是很大的失误。

29 穴形上下似台盘角的，表示阴来阳受。所谓台盘角，即是阴气。

30 穴形前后似铁甚唇的，应该阳脉阴扦。所谓铁甚唇，即是阳脉

31 穴形上部平正，下部尖削的表示阳弱，上部尖削，下部平正的表示阴强。锹的形状平正，表示阳弱，角的形状尖削，比喻阴强，都以上部形状为主判别强弱。

32 由于有阴阳的分别，才有前伸后缩的不同。阴穴适宜前伸，即吐葬。阳穴适宜后缩，即吞葬。

33 通过审视分水脊析隆鬣，是观察脉气阴阳的方法。观察龙脉在平地或山坡的情况，是选穴的定规。所谓隆鬣，是指脉行分水脊的不同情况，从这里可以察看到脉气的阴阳情况。通过分辨

心眼指要

平洋龙和高坡龙的不同，可以决定选穴的情况。

34 在孤阳的地方虽然没有分水，只要穴正即可接脉而分水。所谓孤阳之地，指的是下有合水，却上无分水的地方。这时，如中间可作正穴，就不可放弃，只要在气脉的来处培土连接，并分界合水向两边流去就可以了。

35 寡阴的地方虽然没有合水，但只要龙真气实，就可以通过凿池会气来补救。所谓寡阴之地，指的是上有分水，下无合水的地方，但只要龙气真确，就不可以放弃。只要在脉上的地方凿水池，合其水而会其气，就可以补救了。因为地理风水的或然性很大，不能只用一种办法去先取。但如果不是龙真穴正，那也不会有很强的用处，这又是不能不知道的。

36 墓穴显现阴脉，则理宜凑入，即使性急也应避煞而扦。如墓穴呈现阳龙，则义当避檐，即使性宽也只得斗球而下。这是说明葬法的前伸或后缩要以此为依据。

37 穴似生龟则尾急，去尾则伤龙，所谓龟尾为阴，这样的墓穴不宜急凑。

38 墓穴状如死鳖而背平，扦则伤穴。鳖背为阳，墓穴不宜过于平缓。

39 窝穴既宜深也宜浅，乳穴既宜下又宜高，这全靠地师心明眼准。窝穴属阳，地势坦夷宜深葬，但也有宜浅葬的。乳穴属阴，阴穴应避煞宜葬下，也有宜葬高的，要懂得其中天机，在人心眼通明才识得。

40 阴龙的性急，所以不会有拂顶的穴堂，阳脉的性宽，则或会有穿耳的墓局。墓穴如是阴龙，决要用架折法，阳脉虽然性宽，也可以用架折。所谓穿耳，拂顶等堂局，指的是天生坐向，不是人力所能定的。

41 如遇墓穴本应用倚撞法作穴，如果穴情适宜盖粘法作穴，理应凑急则粘烦，或挨生出而死，以符合天然地势，而不烦人力强求。作穴有盖、粘、倚、撞四种方法，这四种方法，包括了墓穴上中下左右等方位。但总的来说，都是要将脉气止住。其余的凑急粘宽、挨生出死，也都是在止字上作文章。采用哪种方法，都要符合墓穴本身的天然形势，而不烦人力强求。

42 在月角、龟肩等部位上作穴，一般都会从偏旁中寻找正处。凡在月角、龟肩上作穴，穴位都在偏旁。但偏旁之中也会有正处。文中所谓都者，指的是未必尽然的意思。

43 在形似竹篙、枪竿一样的山上作穴，要寻找妥平的地方。

44 如果明堂延伸得很长，就可设法将杀气脱在水中。但如同时遇到局顺的情况，则仍要在正处作穴。如果明堂延伸得很长，则会有水当面直流，这种流水可以阻止泥穴中的杀气。这时就要注意左青龙右白虎中那边更符合穴情趋吉，则可在横侧作穴，以便脱去水中杀气。但如此时局顺而正，不宜横侧作穴，则仍要在正处作穴，不再考虑堂长的特点。这样做，其人会获福稍迟。

45 穴形似蛇时，如在蛇头开凿会神死。穴形似蟹时，如在蟹壳凿穴就会伤黄。所以遇到前种情况，一般都会在蛇眼处作穴，遇到后种情况，则扦在七寸处。但如神在蛇头的王字上，气聚在蟹沫中，则可以灵活行权，随机应变。作穴要以神气钟聚情况为根据。

46 碰到穴情特殊时，学者就要善于格物致知，通过思考，万疑顿释，显微洞贯，妥善处理，从而妙夺神功天巧。

47 地理学重在一个理字。如果不管墓穴的阴阳坐向情况，则可采取板脚定对蛤尖的办法。如果不问墓穴的阴作阳作坐某向等情况，则可采取棺材板脚定对蛤尖的合襟处的倒杖法来定穴。

48 要知墓穴的深浅高低，可将穴底定在与涡里相平处。即以一合二合水来定墓穴的深浅。

49 如垄乳的气会在合襟，则所得墓穴深沉。而支皮的水交在寿带，则所定墓穴太浅。所谓垄乳，即是高阜龙，所谓支皮，指的平阳龙。所谓合襟、寿带，分别为一合水和二合水。前文所说穴底深浅，以平涡里为准，这个涡里又有垄乳和支皮的区别。处在垄乳的墓穴，如平到合襟即已算作深沉了，而处在支皮的墓穴，即使平至寿带，也还算定太伤浅了。

一合二合水，墓穴一般不应深过合水部位，所以要考虑到这一点。

51 墓穴在高处或下处才能乘生气，就要看妥平葬口的位置何在了。墓穴无论定在高处或低处，都必须乘生气。穴凡是有生气的地方，则必定天生自然会有妥平葬口，也就是放棺材的地方。

52 如果因为年深岁久，以至于上述各种形状已难区分，就需要精详考究，不能卤莽行事。这条是承接上文所说的板脚、蛤尖、穴底、窝里、合襟、寿带、泄去之基、妥平之口而论。

53 更有那种龙脉藏伏水底，吉穴隐蔽在石间等情况，就很难识别，不是一般愚夫所能分辨。必须是有道眼的风水师，才能识别到水底的龙脉和石间的吉穴。

54 龙穴如贴脊平头，就意味着脉短，要将棺木插入而扦。如横龙处的墓穴呈现贴脊，头平不起等情形，就说明此处脉短。因而在下棺时要插入，以便能接上气脉，所以说横担横落，无龙须下有龙。

55 窝穴、钳穴如呈现起顶情况，意味着该穴气长，就要用粘棺法下棺。气脉在窝穴、钳穴，上面起顶而来，表未该穴气脉长，这时就要用粘宽下棺，而不可斗脉，所以说直送直奔，有气要安无气。

56 气脉在水上行时，水脊显出个字，据此可以分明地识别脉络。气脉在水下止住时，呈现为三叉形的水涡，以此可以明确地分辨小明堂位置。气脉在运行时，会在水面形成个字形状，没有个字就不显得脉路分明。在气脉停止的地方，会在水下合成叉字形的旋涡，没有这种叉字形就不能了解小明堂的情况。

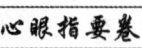

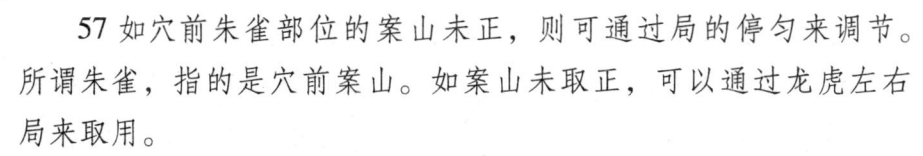

57 如穴前朱雀部位的案山未正，则可通过局的停匀来调节。所谓朱雀，指的是穴前案山。如案山未取正，可以通过龙虎左右局来取用。

58 如穴后玄武部位的山太长，就要找到龙脉止会的地方。即以气止水交，龙脉的止会处为墓穴。是以左来者，穴居右畔，右来者，坟在左边。

59 砂水从左方来的，墓穴选在右边。砂水从右方来的，墓穴应选在左边。所谓来者，指砂水向着我流动而来。如砂水情意向我的左方而来，就要立穴在右畔以迎之，叫做穴居右畔。因为砂水从左方而来，必定有它们的拱护在这里，所以要把墓穴定在右边。右来的情况也同样。

60 如果砂水从正面而来，则将墓穴选在中心的正下方。如砂水的情意既不从左来，也不从右来，而显出案山端拱，龙势迢迢的情形，就叫正到长来，可将墓穴选在中心的正下方。

61 如气脉逆转，则要逆中取顺，如气脉顺流而出，则要顺中取逆。所谓顺逆，只是阴阳二字的别名。以三阳脉从地而起为逆，以三阴脉从天而降为顺。以阳脉为逆，阴脉为顺，这就与其他地方所说的顺逆又有不同。

62 在顺中求逆，就叫做饶龙。在逆中取顺，就叫做减虎。即前面所说的，砂水从右来，则穴在左畔，就叫做取逆。如砂水从左来，则穴在右畔，就叫做取顺。

63 如砂水从左边来向右边下来了，就要在右边立穴以拦龙。如砂水从右边来向左扦，就要借助在左边立穴来关虎。文中所说的关和拦，都是下的意思。所谓砂左来右下，即上文所说穴居右畔的意思。所谓右到左扦，即上文坟在左边的意思。

64 如墓穴的门户渗漏，就会出现气散的情况。即上述所说的关拦的方法不合，就会造成水口旷荡，使真气随之而散。

65 如墓穴的墙垣凹陷的，就会遭受风寒。墓穴的垣局不够周

心眼指要

全，左青龙右白虎出现断缺，就意味着墓穴会遭受风寒。

66 如果要弥补风水垣局的缺陷，可以通过损高而益低，截长而补短的办法来进行。只要龙真穴正，就可以通过人力来弥补它的不足。

67 如果墓穴只贪朝水，就要防备有刺胁刳肠的祸患。墓穴朝水本是吉地，但水贵屈曲有情，如无砂拦水，而水直急冲射，则主凶，会刺胁刳肠的灾祸。

68 墓穴有逼近的矮山为案主吉，如案山太高，以至压为障眼，则主凶。墓穴有近案，即是吉穴。但如案山太高太压，以至压为障眼，则反为害。

69 用盖法作穴，知宜取高，但又忌风露，所以下面须求蝉翼部位分明。用粘法作龙，不怕低下，但怕失脉，就要检验虾须界合情形。因为穴高忌露风，所以要求蝉翼部位分明。因为龙低防失脉，所以要检验虾须界合。

70 穴形似手把锄头，可以分出兄弟尊卑。墓穴的形状似手把锄头，分出一前一后，如兄弟的尊卑次第，这是形容左青龙右白虎的相让。

71 要知道墓穴的真假，需看有无分合水。所谓淋头，即墓穴之上无分水，所谓割脚，指墓穴之下无合水，所谓胞胎，指的是墓穴。只有在分水合水中间的墓穴才是真穴，否则是假穴。

72 墓穴如呈硬垄大肤状态，就是块然无生气的不结地，所谓硬垄大肤，指的是无生气的不结地。

73 如龙肩软，龙颈弱，则定穴可巧如鼠子，如转皮等奇形借脉。如龙脉软肩弱颈，意味着活动有生气，结穴多巧，以至藏闪边侧，如鼠子，如转皮等奇形借脉一样。

74 如墓穴脉情不顺，面前就不要贪有朝山，要防山脚倒扉窜走。墓穴坐下的脉情不对，就不要贪得前面的朝山，因为已经失穴了，则朝山虽对，也会在峰脚顺水窜走，只有不窜走的，才是真朝，所以说：顶虽尖圆可爱，脚必走窜而顾他，说的就是这个意思。

75 龙脉斜到，则正扦取穴，如龙脉正来，则侧扦取穴。如龙脉斜到，墓穴则要正扦而得以两水交金为依据。如龙脉正来，墓穴则要侧下以迎明堂，这种龙正穴侧的情形，称为翻成横圹。

76 墓穴落在凹窝，必须要凹处平正。所谓凹即是窝的意思。墓穴落在凹窝处，就必须要求凹处平正，如果不平正，就会界水，不是真穴了。

77 墓穴只要前面乳长，但后背单也无碍。若墓穴乳长，则背单亦无妨。如背单而乳不长，就须有鬼托，否则会成仰瓦形状，凶。

78 龙脉遇鬼，如能还气反神奇。龙脉遇鬼会夺墓穴之气，但如此鬼能在后面挡障来风，在下面堵塞水流，则反成墓穴的用神，又奇特了。

79 墓穴遇劫但有情，则反凶为吉。墓穴遇却本来会分去龙气，但此劫如有情环卫主山，反为吉兆。龙遇鬼劫，本为凶兆，所以不为人所喜，但如能还气有情，自结垣局，则门户亦奇，会反凶为吉而可用。

80 作穴就要后循脉气，不让脉气象丝线离针那样断掉了，又要前堂接气，不让穴情和堂情象夫妇反目那样违逆。作穴的根本原则，是要内接穴中生气，外接明堂的生气。要内接生气，就要从后面接循来脉，而不能与来脉反斗或脱离，就象丝线穿针一样不能脱离。要外接明堂气脉，就要使穴情与堂情相应，如夫妇相随一样，不能象夫妇反目，这是主凶。

81 从龙脉的转来变去情况可看到它的弯曲形状，以来情的阴阳，可以看到穴情的高低。墓穴的龙脉是如何屈曲穴来，要细心寻找它的转变去处就可知道，通过了解来情的阴阳，则穴情高低也可定下来。

82 墓穴呈水里人眠形状，就要注意不让襟裾沾湿。所谓水里坐，是指窝穴中有乳突泡。如无乳突泡，就叫做水里眠。这种区别，适用于金星开水窝法。如墓穴打开后无乳突泡，可就椁弦作穴，叫做藏头索气，不这样，就可能沾湿。

83 高穴要微窝，犹如在壁间预留挂灯处，但莫令茵褥倾油。凡是高穴必要有微窝，以示阳中要有少阴，否则就是纯阳而会沾湿了。如是阴中则要有少阳，纯阴就会倾油了。地理学的道理来来往往只强调要阴中有阳、阳中有阴而已，再无别说。

84 脉行而界水不流，是脉法的真机。所谓桥流，比喻脉行，所谓水不流，指的是两边界水不流过面前的合襟。这种脉行不止，是看脉者应得的真机。

85 看到水过山不过的情况，就表示是穴情的妙处。所谓水过，指两水交过合襟，所谓山不过，指脉为水界止而不行。要懂得穴情的妙处就在这里了。

86 砂嘴状如枪尖的，在逆水时则为有力，在顺流时则为无情。

87 砂嘴顺水流过穴未算是凶，如呈尖杀藏锋则反为吉。砂嘴顺水，不能全看成是无情的，它们或是环拦冲射墓穴的水流，或过身横抱反成案山，又能藏锋而不露尖杀，则不主凶，而反象文笔一样主吉。所谓过身，是指不以顺水为嫌。

88 墓穴只有在龙真穴的的情况下，才可讨论土色的精奇问题。相地以找到真正的龙穴为最重要的事情，如墓穴不是真正的龙穴，即使土色精奇也没什么益处，所以说土色为其次的事情。

89 若墓穴呈堂舛砂讹，那就不必再看穴情了。堂砂的情形如何，可以作为墓穴真正与否的证佐，如又舛又讹，则可知没有真穴，更何必谈土色的美否。

90 讨论水流的生旺，对于龙穴来说只论左右流水的屈曲环顾有情。

91 墓穴若是真穴，必定是天然生成的，板脚必灾对着蛤尖。

92 龙势顺流时，扦穴要与水相平，并要堂局关锁，以固龙脉真气。如龙势逆向时墓穴就要作高坟，并宜左青龙右白虎开张，以容纳来情。龙势顺结时，扦穴不能太高，与水相平就成了。但仍要墓穴面前的堂局关锁周密，以使真气回而不散，这时最忌开张。反之，如龙势逆结，砂水来朝，则应当建起高坟，并使青龙白虎开张，以纳受来情，这时却嫌面前紧狭。

93 墓穴的砂水与其为人所同有，不如只为我独有。凡是能够独自享用砂水，而不与他人公共的墓穴，才是真穴。

94 墓穴背后卷空，形如仰瓦，则失败的原因来自天上。

95 墓穴前面呈反，斜飞形态，则生气就会荡散。如墓穴内有真气，就会有砂水自然抱护。如砂水既反又斜，则意味着生气荡散。

96 在星辰无化气的情况下，能否作穴，全凭有融结的精神。如上文所说的，墓穴如呈硬垄大肤状态，是无化气的表现。如此时有融结的精神，就可以加以裁剪，找到作穴的地方。但若缺欠精神，则无凭作穴了。

97 墓穴的作用要有神功，就要有裁剪的手段，才能变凶为吉，点铁成金。点穴如有裁剪的手段，才能作用得法，便可变凶为吉，点铁成金，这不是神功吗？所谓手段，指的即是上文所说的收山、出煞、弃死、挨生、接气、迎堂、知止聚、认性情之类。

穴有许多种，但常常是只有性形，而无性主。吉龙也是处处都有，但即使有吉地，也没有吉人。所以，好的墓地常常存在人世间，但好的地师却很难遇到。能不能把自己的技术卖给别人，首先要看其人有没有德行，否则，恐怕会有明珠暗投的可能。

展窝穴说

　　山龙结穴有窝，平阳亦有窝，此皆太阳之气所化而成，其来龙必然阴落，所以展开阳面，以纳之也。窝有开口、葬口、深浅、阔狭、大小、长短、边并、缺角、凑口之不同。总而言之，必须窝中微吐弦唇，太阳而吐露少阴之气者，结穴方真。此盖阴阳交度，而生生不息之机也。若竟展开局面如叉口，如缺环，并无弦唇吐露者，谓之虚窝，又名空窝，无气有水，不可立穴。

藏口窝穴说

　　藏口窝亦名展气穴，嘉兴屠氏近作，座北朝南直局，后坐兜滨，名为反插。下砂交抱，兜水逆流，外股一砂，更和贵人侍卫，故此发贵。凡遇此等小窝，要滨头阔大，方能蓄气。水深为旺，清澈为秀，曲者为藏，直者为露；露者要阔短，藏者要长。结穴之处，四面证佐之砂要秀丽，精神要焕发，自然声价十倍。

抛突穴说（平阳一突）

　　突者，即凹凸之凸。抛者，即闪迹抛踪之抛也。
　　世人不晓平龙之诀，误以为一突为奇之说，往往见平田之上及湖池漾荡之中高起孤墩，皆以为突。孰知此乃看山之法，非平阳法也。要知平阳龙与山龙，理虽一致，看法不同。一致者，龙穴砂水、性情行度无异也。不同者，山龙竖体，故看高低起伏之势。平阳之龙眠倒平铺，如平看画图，其势平行，枝脚桡棹皆是蔓生。须四周游寻讨看，看龙砂之收放。往前结穴者，即谓抛突。此因来龙气势旺相，不肯顿住，故又抽出一脉，不依赖本身砂头包裹，竟自奔往，向前结成星体，或嵌入大河，或撞入对岸，反以外应的客砂为包裹护卫，谓之抛突。其星体之变化者，或为抛，或为闪，或正面，或侧面，有大小，有长短，或仰或挂，或方或圆，有显露有藏伏，或现官星，或带贵曜，更有夹耳夹照，鬼托亲贴，以及节苞、荷叶、金盆、棋盘、兼并、排插，种种不一。

总而言之，要看来龙行度如何？结局如何？到头束放气势如何？再兼用法得不得？而后定其优劣也。

开钳乳突穴

垂乳之结，则左右之砂必环抱包裹，其体必圆活，多结金体。若夫钳局，则左右之滨必劲直，左右之砂不过拱夹两旁而止，不复向前兜抱，中间星体必然方正，类多平面土星。至于钳之变化，则有长短、曲直、分行、交合、重叠、丫杈、参差、阔狭、交互、织结、排插、双枝之不同。长者用穿法，短者点气口，曲者下曲池。直而长者无气，多不结，不可立穴。双关或双穿，单关必单穿。惟织结交合者，及合角、重叠者最佳。乘气或单或双，格局不一。丫杈者，有唇口吐乳，参差者，收一放一。阔狭者，取势交互者，下斗斧。织结者，审局。双枝者，有正有偏，有独有分。所忌者，斜牵反背，最为凶格。须要审其来龙，察其穴情，看其形势，加之以吞吐饶减，浮沉伸缩之法，不出阴阳交媾之情，动静生生之理，务在避其阴，而趋其阳，斯得之矣。

飞边穴说

龙脉飞走到边，隐现莫测，无唇乳可名，无状可象，故曰飞边穴。然飞则必有根蒂可据，照应之足凭，而后能飞。此等地面，入首本属沿边，全依赖来龙奇贵，盖帐森严，砂头簇拥，水法玲珑，然后相其动处而下之，则无有不合矩者矣。

其变幻处，则有朝拱、夹照、活动、流走诸象格，但格局之贵贱，在人自为取裁。

骑龙穴说

穴结于腰腹，故谓之骑。

然骑有顺骑、倒骑、逆骑、衡骑之别。骑龙难得真结，必前迎后送，左关右送界，方见正结。骑龙之穴，必两头束峡，中间开帐，而有肉地，自成星体，方为贵穴。又须审龙身交合之多寡，精神气势之衰旺，权其优劣，以为弃取耳。

【白话注解】

古歌诀——三十六骑龙穴歌
第一骑龙顺势龙，两边包护走如飞，
去龙作案遮结脉，不见三阳便是奇。

第二骑龙顿数峰，逆转回顾老祖宗，
时师盖道龙无正，倒插金叉在此间。
第三骑龙两畔高，岂知真龙在中腰，
时师若下檐凹穴，不怕风吹煞水朝。
第四骑龙两畔低，孤峰独起似顿鼓，
微微窝窟真消息，不怕风吹八面来。
第五骑龙脊上案，有窝有厌不愁寒，
后峻前逼人难识，能产朝中宰相官。
第六骑龙脊下藏，脉如剑脊穴展扬，
两边翼叶砂飞前，有此真龙用不妨。
第七骑龙结正窝，窝中生突气融和，
风吹不到人难识，常取儿孙早登科。
第八骑龙窝突连，突下微窝贴脊扦，
时人不识堂倾跌，下后令人早产贤。
第九骑龙节节春，有肩有翼两边齐，
时师到此休言险，下后儿孙穿紫衣。
第十骑龙闪侧穴，多有时师不得识，
或如草尾垂露珠，不怕左空并右缺。
十一骑龙似龟背，何愁左戈右来牵，
煞气悉从流水泄，限中一穴足天然。
十二骑龙脊上扦，粗粗蠢蠢在峦巅，
不见去水乃为良，宛宛中心真结穴。
十四骑龙如蜘蛛，腹中一穴气方舒，
攒坟内突人难晓，马鬃微堆产贵儿。
十五骑龙凤含印，乳际一穴值千斤，
任他水去十余丈，印塞中流局势清。
十六骑龙马头起，精灵在眼穴宜取，
时师莫道形偏逼，葬后应封万户侯。

心眼指要

十七骑龙口吐珠，口中一穴十分殊，
蛛丝凿断神仙街，定产英豪贵显儿。
十八骑龙勒马形，马头回转是真情，
头窝一穴人难晓，坠在山凹理易明。
十九骑龙马饮泉，口中一穴自天然，
更有坠颈水泡穴，不得师传莫乱言。
二十骑龙马过江，平平坦坦在浮游，
穴寻脊上加网线，饶减些儿有主张。
廿一骑龙马出阵，时师不要寻龙过，
踏兜一穴似天然，荫出儿孙操国柄。
廿二骑龙过路蛇，中腰截穴最为良，
矗矗塍田皆拱揖，再寻七寸定无差。
廿三骑龙蛇挂树，人人只去寻龙住。
岂知真气出中腰，葬后儿孙为国柱。
廿四骑龙唇吐气，横台为案君须记，
穴裁口内不须疑，代代儿孙科不替。
廿五骑龙马奔山，尾关安穴有情关，
时师休要言龙直，葬后须知出显官。
廿六骑龙水流流，岂知真穴在源头，
任从水畔砂飞走，折取三弯气自收。
廿七骑龙罗带形，风水罗带结分明，
外钩内直人休怕，任隐山林待诏征。
廿八骑龙仰天窝，峻中平坦世间无，
小泉不竭真消息，下后儿孙学圣模。
廿九骑龙似侧垒，口边安穴势分明，
时师莫道无余气，坐下藏风受气真。
三十骑龙梁上燕，如珠如块人难见，
庸师不识老龙身，帽插金花饮御宴。

216

三十一骑龙似挂帘，左钮右钮不须嫌，
平分摆出龙针穴，定见为官举为廉。
三十二骑龙似挂灯，上平下险势分明，
四围左右盘窝结，影土安坟妙入神。
三十三骑龙如跷足，满照穴中如点烁，
一身正气悉收藏，立见全家食天爵。
三十四骑龙金刚肚，脐中有穴君须悟，
时师不肯步直岗，只道粗顽无夹护。
三十五骑龙出草蛇，两长一短最为佳，
迢迢直出无回头，隈穴天然穴可葬。
三十六骑龙插碧火，顶头一穴任君扦，
罗城叠叠高耸峰，金印高悬沐帝恩。

骑龙斩关歌

三十六座骑龙穴，不是神仙不能别。水分八字两边流，且是穴前倾又跌，无龙无虎无明堂，水去迢迢数里长，真龙涌势难顿住，结穴定了气还去，

就身作起案端严，四正八方俱会聚。前案不拘尖与圆，或横或直正无偏，但寻气脉归何处，看取天心十道全。外阳休问有和无，只看藩篱与夹辅，

左右护龙并护水，回还交锁正龙居，或作龟肩与牛背，或作鹤嘴蜘蛛肚，凤凰衔印龙吐珠，天马昂头蛇过路。或在高峰半山上，或在平洋或溪畔，

或然山绕千万丈。教君细认无怪奇，左右缠护不曾离，水虽前去三五里，之元屈曲合天机，更有异穴倒骑龙，前后妙在看形

心眼指要

容，千变万化理归一，

尽在高人心目中。要妙无过捉气脉，吉凶祸福分黑白。

【白话注解】

骑龙穴力量最大，乃龙气旺盛，故结穴后犹有余气之山。以其穴不居尽处，故曰骑龙。旧说前去山皆不结穴。但据考证仙迹骑龙穴结后，再去山多有结作，但力量有大小，受穴有正副不同。如吴景鸾国师为十院张氏下一骑龙穴，在新营河南五里，土名乌石源，出张忠定公煮，为宰执。甲公封忠利侯，进士五十余人。其龙结穴后，复起大山，去土名桃芝源，又结董德彰下金鹅抱卵形地，出尚书省斋公张宪。

右张忠定祖倒骑龙穴。地在新营水南五里，土名乌石源，游蜂戏蝶形。宋参知政事忠定公煮祖地，系国师吴景鸾下。课曰："前有三峰，后有七星，水分八字，官显无涯。后出一宰执、二侯、进士五十余人，登仕藉者百余人。子孙甚蕃，称十院张氏。今富贵未艾。

按：是地龙自高岭天池峰卸下霞坡，垂丝落脉，为冈埠，在平坡间磊磊落落，如蜂屯蚁聚者，相望数里。过峡重重，而枝叶甚蕃衍，护从极周密。比入局，却又如抛梭，如撒珠，之玄走弄，栖闪万状，不可捉摸。殆未易以形容其美也。有龙如此，安得不结极美之穴？故其穴结后，又有许多余气去为阳基，为阴地，适见正穴之力量极大耳。但余气山虽去，为横帐列于穴后，枝枝叶叶，包裹穴之左右，并为水口两边龟蛇等砂。却登穴不见有山，立于坟头，回视背后及左右，一望皆为青天，似于空旷。而结穴处最低平，又非高垄俯视群卑之比。远着脚力，仔细检点，始知群山皆顾定穴场，未敢离也。且近案既不端尊，远朝又不秀异，又无龙虎，又无明堂，又不见水。面前簇簇多山，似于逼窄。而穴后反空，无一可入俗眼，谁信为此等大地？予兄弟初尝裹粮担簦往观数次，莫测其奥，驳难推求，竟亦无凭。后获穴法真传，始知其妙，妙在穴也。故此等怪穴，苟非有天然之美，即过龙矣。《葬书》五凶，此其一也。赵缘督翁云"十个骑龙九个假"，正恐人不识有穴无穴而误下过龙耳。故哲师全在识穴。

董德彰下金鹅抱卵形张宪祖地。

地在治南二十里，土名桃枝源。其龙即吴国师仲祥所下十院张氏倒骑龙穴之余气山发来者。只此盘旋又五里，开帐中落。入首复大断，起飞蛾束气，结穴尊重。但上手砂直硬顺水，下臂短缩，收乘不过为异耳。此贵地之曜也。葬后出省斋公宪，官礼部尚书。外一穴俗呼蛇形，富地耳。

传说董公见此有内外二穴，内穴最贵，却怪异殊常。龙山直硬顺水，下关短缩，局逼窄，不见明堂，又是穷源僻坞。外穴龙虎齐整，明堂宽平，易入俗眼。公自度，若先点外穴，则内穴必弃。乃先点内穴。葬毕，又指外穴。人果皆以外穴为美，而嫌内穴。丰城何巡宰见而奇之，曰："内穴虽丑，可出尚书。"后果验。

斩关穴说

斩关之局，以生旺之气全在峡中也。如大干来龙，茫茫一片，行到中间，忽然插入兜滨，束为过峡，其气必从峡中束放而行。过峡之后，加复茫茫，顽如前地，则其气又散而不结，定知此间旺气，全在峡中。犹诸关津要路，来往必由，故曰斩关。斩关者，必两头极其散漫，中间束峡甚紧，与骑龙之两头束峡，中间开帐者为的。然峡必紧束得势为贵，又必须有穴情可下，有堂气可收者，方贵。

合襟穴法

穴有结于合襟之处者，是即水合气钟之义，即《青囊经》、《天玉经》、三叉、城门之谓也。如龙有关束，蜿蜒得势。穴有结于阴流小界中者，或竟结于阳流交合中者，或一边通河，或一边滨兜，结于阴阳交度之中者。总要观其来历，相其行度，或顺或逆，曲则生，动则旺，皆能融结妙穴。若平直呆板，落脉不清，转关不密，纵有合襟，必是过渡假局耳。

【白话注解】

"合襟，穴前界脉，上分下合之水。如胸前衣襟之交合，故名。"风水家认为，穴心明堂为诸水朝会之处，因此发脉之水，要自头而分，自脚而会，缠绕于穴心明堂，故风水有三分三合之说。

实则分合之层数，愈多愈好。要如：自星峰而生龙虎，水分于星峰绕行龙虎，合于龙虎之前，为三叉个字水。中脉前行近穴而凸起节包，旁生蝉翼，水分于节包而绕引蝉翼合于翼前为大八字水，节包而前又生块硬名毯檐，水自毯檐而分绕行左右而合于前为小八字水。毯檐而下有坦窝名葬口，葬口下为小名堂，左右生隐砂分于葬口，合于小明堂前名毯髯，水绕毯髯而名虾须水。下穴之所，又有隐形之极晕水，亦绕行而分合。如果层层包裹穴场，分于后而合于前，是为合襟之水。合襟水是龙脉结穴的重要征应。

吐唇穴说

吐唇之穴，结于水土平面之间者居多，但吐唇有形而兼有象，或如新月，或如蛾眉，或如眠弓，悉有吐露之形，故谓之吐唇。其气则息而微，生机磅礴，穴情方面则多金体，其体有正出、有侧出、又有大小、阔狭、长短之不同，其立穴必须看其吐露之精神，在左在右，又要审龙神之有无生死，再察四应之有情无情以为准则耳。

天池穴法

池水似泉非泉，自然静深，有澄蓄可爱之致，殊非人力所能为者也，故曰天池。此等结局，大率出于顽厚高地之中者居多，不必问其龙自何方来，只要有穴情为主。其地有大小顺逆、凑紧变幻朝横之异，总以活动者为佳。须看何处，一边有弦唇吐露，朝向池内者便是穴情。

此为为要旨。然后审其堂局之在前在后，照应何方，或顺作，或逆取、或坐、或向、无所不可。但下穴必须飞边近水，则真气始聚。池小者距水二三十步、大者或四五十步，须审度斟酌，未可尽拘。统而论之，必要水法清深，地土坚厚，土色荣润，更得秀砂照应，远峰列秀，主富贵绵远。此等地面，大率孤阴不化，一遇灵动即是阳元始生之气，即是动气，即是结穴。阳宅无此穴法。

近水穴法

近水作穴谓之蘸水，其法不一。或因真气在水际任歇而穴宜近水、或因其砂水有情可收而穴宜近水、或因其龙水一家合局而穴宜近水。三者皆须参照排龙。"龙水全局"谓来龙与水一卦纯清。堂水细流而曲绕，则近前堂；水阔人而荡逼，则近后；近在者要左砂之逆抱；近右者要右水之回环，变态万殊，总以藏风纳气为主，聚气为先，灵动为生。向则审机观变，或倚或坐或向，随局而布，总以得水为要也。全在圆融裁酌，心领神会，斯得之矣。

阳宅多背水、向水者，其向背即由"藏纳"、"聚气"、"灵动"而定。

砂水变幻总说

龙穴既已明白，砂水岂可不辨，然砂水亦甚变化而难穷，今遍证名墓，会通其大概，定为十余种格，曰"漾水聚堂"、曰"众水聚局"、曰"来去水城"、曰"砂水逆缠"、曰"砂水兜收"、曰"入口朝堂"、曰"涨潮食水"、曰"逆水结局"、曰"顺水结局"、曰"坐水结局"。其间言水而不言砂者，砂在其中矣；言砂而不言水者，水亦在其中矣。砂不离乎水，水不离乎砂，故分而言之者，立其体也；合而言之者，广其用也。其体其用，合而分、分而合者也。各立图说，以相引证。砂，为兜收之用；水，为界气之用。故虽以气为主，亦不能不论兜收。砂水合为整体，然有以砂立名，有以水立名，实则二者各不相离。如逆水、顺水，往往即由砂之形势造成；水之或来或去亦莫不如是。

【白话注解】

龙穴砂水向为地理五诀，砂水在风水上的重要程度可想而知，但是论砂水有种方法，在此要详细分辨。在此处主要讲的是平洋砂水，我们也来看一下蒋大鸿先师怎样说：

平洋千金诀

蒋大鸿

堪舆之文繁且多，要诀尽包罗；劝君平洋看水龙，湾曲是真踪。直来直去气不收，下了死龙头；曲处不分名真息，逆上胎斯结。穴后分流气脉空，葬下便遭凶；单龙转结气脉和，子息自登科。更有群龙相护应，富贵天然定；水龙首尾要知因，穴道可相亲。水龙葬法分三格，时师尚未得；荡龙带秀亦堪扦，又有落河边。公行干水人人见，不及私情恋；第一看水先看来，驳杂不须裁。但见来源从一卦，此地真无价；来情得令福周全，非时祸亦专。得令失令观九气，此是先天数；一卦统三颠倒颠，关窍此中传。左右挨加顺逆行，分明辨五星；管一带二人不知，祸福不差迟。惟有乾坤一大关，代代作高官；交媾阴阳妙更元，差迟祸难言。来龙生气既乘时，作法更精微；从来穴有诸般法，不许差毫发。信手拈来皆妙道，处处为真造；若将吉地变为凶，笑杀眼朦胧。先天体格后天用，本末分轻重；内气外气为经纬，联络无相悖。上天列宿五行精，三分论挨星；元辰一滴为真蒂，太极生天地。时师不明生克理，进退无凭据；紫微北极坐中央，天星布八方。二十四山双双起，父母相交际；天然向法认金龙，十字问真踪。金龙来短近安排，来长远处裁；不辨天星犯差错，葬下多萧索。三星五吉神仙法，体用多包括；下手当知直达机，补救得便宜。近应远应要清纯，错乱祸来频；三元变化可通神，死执便非经。去水之方有还气，时朝少能会；会得水龙来去情，分房知废兴。古人又有修龙诀，与君相会说；浚疏得法自天全，一点作根源。血脉流通百脉匀，化育自阳春；平洋与山法不一，坐后空尤吉。左右低平前面高，旺气产英豪；极低便作水来论，干流亦有神。平洋三法须要知，持此与君推；山中带骨真气结，浮土反成拙。葬水还胜葬山好，山能真穴少；山龙向法有差殊，入手可详推。龙经万卷话成虚，不及一篇书。

漾水聚堂

水贵聚而不散，蓄而不湍。

江湖溪漾之旁立穴，散而湍者无取，聚而蓄者可用。然必不界关收，阴流会合为要。若大水汪洋，内无小界，外无砂蔽，名为凝荡，则其穴为"荡胸"、为"瀑面"（扑面），盖势大无关，不能承受，阴阳不交，无所取裁。然亦有水大无盖砂而结地者，穴必真的，用必尽善。

又须察水神之情状可否而后阡点。如水法散漫，登穴忽然收小，如盛盆盎中者为佳，或有远看歪斜，登穴圆明如镜，或拱环如带，无歪斜之状者，便可知此水为我而设，更兼用法合宜，有发福无休无歇者也。

湖州宁飞涛祖墓，地名顾家荡，属乌程境地。朝南出面，开钳口结穴，癸山丁向，面临大漾，蓄聚圆明，发财丁小秀。康熙乙丑年飞涛葬父，请宜兴地师程我滋，附葬昭位（即祖墓之左旁，昭墓葬法），立亥山巳向挨加壬丙（按即亥巳兼壬丙），课云："秀才出去状元归"。又曰："登科即状元也，应在己酉。"飞涛即于是科中式。此倒之水势如何，未得其详，唯必为如镜无疑。其安星式，则亦可研究。

公元一六八五年，当上元二运亥巳兼壬丙之盘式如下：向上二黑旺星，三碧生气齐到，其左为震宫，水星三碧；其右为离宫，水星为六白，二黑之气，直纳入中宫，故有穴情。然离宫水星伏吟，是故二运尚未得意，仅小丁财耳。交入三运，三碧飞入中宫，七赤入离，三七合十通情，穴前震巽离三宫皆得水光，于是发秀。葬后二十年始发科甲，属于发的觉慢，按现在的感觉，此龙没点到正穴上或者龙的力量小。

水城要下手得情得势

平阳水法，贵来路多而去路少。盖来路多则气有所钟，去口少则气无分泄。然有去斯有来，去少则来亦少，去多则来变多，斯亦理势所必然者也。

故往往有三四路水来朝合，随分三四个去口者，验诸多名墓，画有融结上地。但来多贵聚，去多贵蓄，来口不宜顺窜，去口须要砂关，下手并要得情得势。"天门浩荡似无源，去口关拦须紧闭"，斯得之矣。此言无论水之来去，总贵聚蓄，于此种穴情下手，易得融结而成之上地。

砂水须逆缠

众水迢迢顺下，忽见一水两水逆境流而上，或屈曲数节，或独绕一处，此中必结上地。盖行龙至此，必须下流层曲，去口紧关，或大水横拦，大圩抵柱，关激其气，不使竞走，砂关水会，便可安阡。下得吉向，福荫必宏。即"四三二一"亦谓之逆缠。谓"四三二一"亦逆缠绵，乃谓城门水口，其星逆飞。此即"城门诀"也。然成城门者；其形变须有关拦，即砂美水会，然后有情照应，有气可聚。

砂水要兜收

前格论砂水逆缠，此格辨砂水兜收。然水缠即是砂缠、砂缠即是水兜何用区分，不知逆缠之取用在于水神兜收止蓄之处，裁之始不致误。此特点明，逆缠之局，穴在兜收之处。前说城门也须要关合即此意，不能以能用"城门诀"即便指此水口为城门。

入口须求屈曲来朝

朝堂之水，须转折入单为佳，故曰"九曲入明堂"即转折之谓也。盖有转折则不衔射，而气与水有相迎相接之情，来要"之""玄"，去要屈曲。如当面特朝须要短阔。龙水既合，再察水里龙神得。

涨潮食水

食水者，收入元窍之中也。

如沿江近海之处，六时潮来，六时潮落，来口即是去口，去口即是来口，气机鼓动，运行不息，与游魂之来往无定者有异。忽涨忽退之水，谓之游魂水，不可用。理气适宜背海面海之宅，尤须注意及此。

潮水之地，往来一定，潮来为客，潮落为主，水控制山川，打动龙神，全凭理气，山上水里，天机、消纳、体用，不可偏废。非独潮水如是，即水龙平洋皆宜如是，方是体得其体，用得其用矣。此言潮水无形势可言，唯看理气。

心眼指要

倚水立穴

气为水之母，水为气之子，气行则水行，水来则气来，故曰"水夹龙行，龙随水转"。盖谓气行地中，无形可见，故必观水之来去顺逆，以为龙之行止者，理之常也。

然又必相地之形势，又必相形势之转变，又必相转变之顺逆以为行止，而不沾沾以水之来去顺逆为行止者也。是故有水自北来，龙自南来；水自西来，龙自东至，会为逆水之局，可见龙之变化难量，水之行度无方，错综交互，神鬼莫测，学者更可从此而益穷其微妙矣。水与龙同向者为顺龙，有角度相差者亦为顺龙，唯相差不可近九十度。若此东彼西则为逆龙，亦可有角度相差。龙无论顺逆，合理气则吉。顺水龙易知，逆水龙则难知。举其易知特例。

穴贵专结

专结者，不得会局而成者也。

行龙至此，如脱颖而出，犹如蚌珠、硕果，独显精华。会局发源灵气所钟，力量实与会局等也。特其四应类多独宽，与会局之脱卸成团者稍觉有异耳。三两水口成穴，为会局。以二水界一龙，故称为局。可用。"四应"者，穴前后左右之形势。四面宽广且独立成势，如是即穴有照应。

漾荡偷结须求真

水乡泽国之区，大漾大泽之薮，每有芦苇丛生，砂洲错处，令人眩目惑心，无从捉摸。纵有奇踪妙结，杂出其间，出入意想之外少初看似无；细觅方见，谓之"偷结"，此等局段，获从必多，沙水必极玲珑。葬得真穴，立得吉向，与干结力量等也。

诸般贵在气真穴的

奇形怪穴，世所警诧，在道眼视之，则无奇不正。其所以然者，无非因气审形，因形察气，气不离乎形，形不离乎气，学者若能研究形气妙合之由，举一反三，何难得心眼二法之三昧哉。重提形气兼察，免但说穴形，误导读者。

会局成垣须察气势

江湖漾泽之处，若见砂水簇涌，如五花八门，眩目惑心者，其中必有融结，务须寻其入路，探其消息。如见前后左右之砂，双双朝抱，拱伏明堂，中间又得小砂小水献秀呈奇为案方朝，外势又重关叠锁，为胳为应，或数里者：更当寻其来踪，观其行度，究其止息，穷其变化，而后真意始出，力量始见。夫然后再察其结何形体。成何星象，合何垣局，一一按索，果能与天星暗合，毫无勉强，则知气化形生，而为奇局中节一等大地矣。葬法合矩，必发大族而世世公卿，取魁元而登宰辅，真易易耳。

田源墩阜必要来情

平阳以一突为奇。昔人之言，辞不达意，世俗不解，遂谓平地平田之中，池湖漾荡之内，高起孤墩者皆以为突，因而指点。岂知孤墩纯阴不化，葬之必绝，凶恶岂可言耶。

要知突宇之义，当作窝钳乳突之突，平阳遇之，亦是眠倒平铺，但左衔右突，奔往向前，结成星面者即为之突也。铺毡，吐唇之类，此是正格。如山下平阳，来有踪，去有迹，起有顶，伏有断者，必须断续牵连，坠如贯珠，或如三台七星，落地梅花，及众星拱月，群雁宾鸿之类，总要簇拥成局，众砂环绕，搭获有情，则不孤露而真气始聚。

此等局面，近山处多出平原之上。惟水乡泽国多在田野中。相得真穴，看清来情，也主荫育贤才以昌世业。

池塘砂硬须求龙真穴确

格之变体至于荡埂而止矣。浪打风吹，相为摩荡，结为砂埂砂洲，是以至刚之势而成至柔之质，气机相感，历久而愈显其精神。或成形象，浩瀚弥漫，逐浪随波，尽属洲渚，一如鸥鸟浮沉者，此皆天成之局也。寻育开睿为鱼池，有多至千百为伍，沿边地埂滋漫似瓜藤牵连若乱丝者，虽人力所致出于无心者之所为，偶合天机者也。此等地面，认彼来情，相其形局，果是龙真穴确，福荫尽有与诸格相等，是在观其变而通之，斯得之矣。

石骨证佐必须灵巧

平阳间有石骨，散见于结穴之前后为证佐者。

如真气脱劫出洋，每多石骨，果能气止水交，石骨灵巧。如顽石，必是过龙。再兼用法合吉，必产异敏奇才，文章经国之人。中格之局亦发科名，因集石骨证佐为一格。此谓石骨灵巧则有穴情，若为顽石，无非"过龙"而已不结穴也。

疑难点穴必须心领神会

穴之名目虽多，名有星体，故点穴自有矩度，无待疑似。乃间有出入意想，点于若连若离之间，可解不可解之际，居然发越，此乃"疑穴"，殆非高手不能阡。

学者苟能细细穷究其体用之精微，尚有取法乎上，仅得其中之概况，冒险侥幸，万中之一，庸可法乎。

初学好异喜新，一失其旨如隔天渊。善学者贵虚心应物，心领神会，如是方知"望势寻龙易，须知点穴难"。疑穴要看性情。

点穴定向须得元微

上乘之结；星体显然，穴情易定。中下之结，星体隐拙，穴情难明，于是察其情，揣其形，再参详其用法之得失，贵乎度其情、审其机、会其意而迈乏了然后立穴。或偏或闪，在前在后，或向或坐，恍惚不可为象，令人乍见疑其异，细细玩索而得其旨意者，乃做法之玄微。诚哉其元微也。

山向得失

前章论体，此节言用。语云"有绝向，无绝地"。然则山向之旨可不深究乎。《青囊经》、《天玉经》，理气之法门也，曰"一卦通管三卦"、曰"倒天翻地"、"关天关地"、曰"衰旺生死乃是理气之功用也。但天心所秘，造物所忌，故传书不传诀，传诀不传书"。世之谈地理理气者多，得诀者少，故为人立向每多点错，此不识挨星之咎也。故曰"有人识得挨星学，朝是凡夫暮是仙"。此重言理气之为用。然得地实在于福报，否则虽得书得诀，仍难得地也。

砂水宜辨情性

砂水者，龙穴之证佐也，故审龙穴以立其体，必察砂水以神其用。

每见龙穴平常，砂水反拔，而兼有情顾穴，亦能发福。龙穴虽好，砂水无情，必遭凶祸。故砂水不可不察也，明矣地，东开西凿，南填北塞，做出形局，惑乱世趋，眩耀。现代城市，水易察而砂难辨。

故相一宅，必须通区考察，然后始能定吉凶。

须防暗煞

煞有刚、柔、明、暗。

刚煞、明煞、其迹显然，人所易检。柔煞暗煞，其迹隐微，人不及防。如误认"客棺"为"横琴"；"浮尸"为"游鱼"；"屠刀"为"牙刀"；"择劫"为"关峡"；"衔射"为"朝拱"之类，皆谓之柔暗而不及防者，孰知祸不旋踵，为害非轻。

煞非但以形辨，此所以求地必须论排龙也。论排龙须先明水法，故曰形气兼察。

明凶尤忌

暗煞固当细察，明凶尤宜详辨。故凡瓦砾、乱冢，灵坛、旧墓，及窑灶、战场等等，生气消亡，煞气潜伏，谓之病龙。又谓之明凶。

纵使来势清巧，穴情秀美，已犯明凶，与贪形局，忘其残暴，神灵不安，灾害立至，慎勿误葬也。废寺旧庙，周围必多阴气，亦不宜近。即繁荣寺院，香火鼎盛，其亦阴气所钟。除非仅为修法道场，不炷先灵香火，不作无功德之法事，则作别论。

阳宅于战墟重建，也须要审慎。

慎思妄改

结穴之地，各具天然之局，即有自然之向，是在得诀。明师善体此理，以道达其形势之性情耳，何尝有强彼山川之性情，以自逞其偏僻之竟见乎。

然明师难遇，而庸流则不但不明理气而且并不知有形体，往往胸驰臆见，无知妄作，任我施为。然妄作者终归误谬，任吾者必出于怪诞。

【白话注解】

风水不可妄加筑凿。卜氏云："土有余，当辟则辟；山不足，当培则培。"郭氏云："目力之巧，工力之具，趋全避缺，增高益下。"蔡牧堂曰:"山川之融结在天,而山水之裁成在人。"固皆指地之有不足者,培之辟之,损高益卑,使适于中,尽其当然,不害其为自然者也。但万金之璧,必玉人而可琢;千金之裘,岂拙匠所能裁?多见毁瓦画墁,非徒无益,而又坏之,此不可不慎也。况又有务为观美者,或广筑墙垣,深开月池,高起牌坊,及为崇台望柱,砌路建亭等事,莫知禁忌。往往有以此尽其孝敬之心,而反自取祸败者,是又深可悯也。诚以阴阳二宅,居葬已久,切忌妄有筑凿。朱子曰:"祖墓之侧,数兴土功,亦能挺穴。一或误伤龙脉,发泄地气,立招凶祸。"

廖氏云:"来龙最忌妄穿凿,旺气必消铄。"又云:"后龙过脉忌穿凿,居民必萧索。"又云:"开池穿井多有忌,消详莫轻易。"又云:"茔前切忌妄增高,灾祸必难逃。"又云:"明堂里面要洁净,有物皆为病。时人不识妄安排,于内起亭台。栽花砌路供游赏,祸生如反掌。"凡此皆所以丁宁告诫,欲人知所慎也。兹故特述以告,明者当自谨耳。

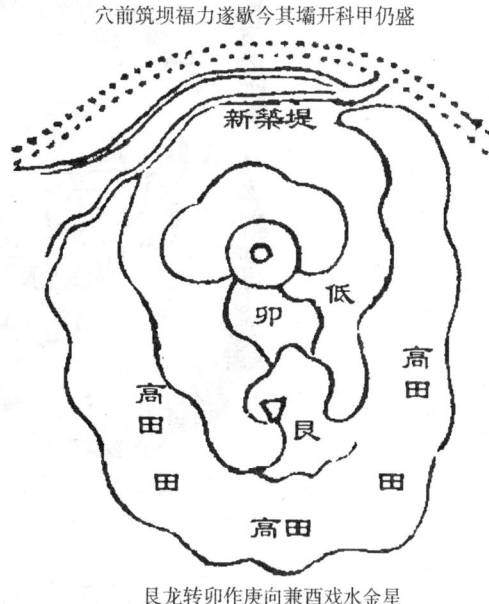

穴前筑坝福力遂歇今其塌开科甲仍盛

艮龙转卯作庚向兼酉戏水金星

南昌陈会员祖地

南昌陈会员祖地:此地在南昌,土名池港。其龙起自渐岭,撒落平洋二十余里。到头横开平面金水帐,帐中抽出小小芦鞭,复起平中一突结穴。四面皆水,当前大河横绕,取作飞雁投湖形。艮龙转卯,下庚山甲向兼酉山卯向。旧有偈云:"上坊下池港,上有个字葫芦样。秀水流来甲向庚,葬着状元生。"葬后果出吉所公栋，登嘉靖乙丑会元探花。后以筑坝塞其流神，福力遂歇。此都为不懂装懂，或者听从庸师妄改的结果。

又如《地理人子须知》上记载的丰城杜侍郎祖地

此地在丰城港西，杜侍郎祖地。其龙来自起升山，发出嫩枝，磊落数节，翻身逆势结穴。星辰雄猛，下铺余毡，俗呼睡虎形。杜氏于穴前凿开一水池，旬月间侍郎公即遭贼寇袭击之祸。

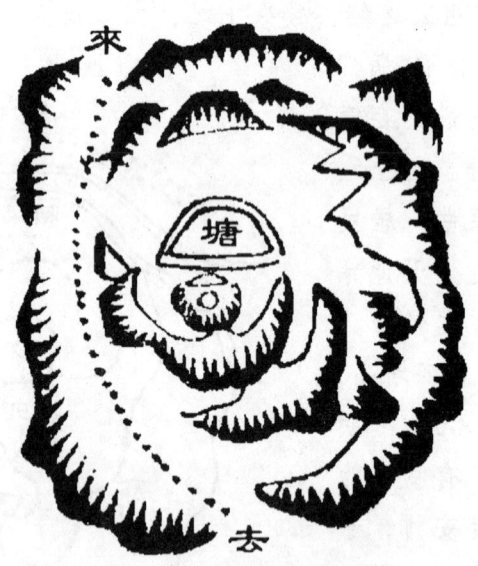

睡虎形穴前开塘即遭凶祸

杜氏美地虽多此其近祖因左臂稍凹乃开塘取土以培之适以取祸可为妄动之戒

丰城杜侍郎祖地

以上地，皆于穴前妄有改作而致祸败。杜氏之开凿尤大，故其祸尤惨。廖公云："开池穿井多有忌，消详莫轻易。"朱子云："祖茔之侧，数兴土功，以致惊动先祖魂魄，亦能招灾。"为人子孙，不可不慎重。胡乱兴作，自取凶咎。

非但求爷不得，且不数年父子俱丧，可为开凿者戒。冬向东移，故丁水变为一芮水。丙水丙向，焉得不立时发祸耶。此或误读乾峰出状元"一节，以致本山本向本流水也。

修坟当究元机

元机者，葬时五行得失之元机也。

考其山向，按其龙穴，察其砂水，再察兴败之年月；何年兴，何年败，一一辨清，再究其山上水里，可修不可修，可修者，然后斟酌修理。或将山向更改、或将冢上土重堆，或立碑记，或开或塞，总要在五行生旺之方也。修着这时，自然发福，若不明此道，误听庸师，轻举妄动，未见其吉，先罹于祸，故古坟旧墓，宜修而不易修也。

修坟即改元运，故有如重新安葬。阳宅改运亦然，妄修妄改，未有不败。港人有迁入成幢大厦，聘地师四人为之改动，旋即倾班者十此事令人惊心动魄，切戒迁徙凡人子葬亲，当预为一成不动之计，不可轻率，既葬又迁。今有轻信人言，或为富贵动其念，或为祸患惕其衷，往往轻率改葬。然改葬一事，果有水蚁、凶砂、恶水为患，以致丁少财退，改无不可，然恐又为庸师惑误，改后祸不旋踵，可不慎哉。

古人论迁葬，谓人丁蕃衍者不迁，年代深远者不迁，家计平康者不迁。又曰，有龟蛇生气之物见于场所，其气必暖，不迁；茜藤灵芝布场内外，详瑞之征，不迁；树木郁葱，松求瑶草纷披，吉气所钟，不迁。凡此之论，总欲为人子者慎重其事。迁岂易言哉，岂易言哉。

今人喜迁阳宅，亦岂易言哉。

接坟宜善

　　故家世族，必有发详名墓垂荫，若接坟凶暴，不但减力，且必致凌替，故往往有钟鸣鼎食之家，误听庸师，任阡假局，一败如灰，此《青乌经》所谓"生新凶，消旧福"，然则接坟，庸可不择善地乎。老铺开新店，亦如接坟，新店若为败局，老铺亦转为萧条。

裁成补救

　　穴有就局之法。盖以地势阔大，龙神散漫无穴可定，必须察其情形，稍露头角之所，及照应有情之处，体审酌量，相度权衡，然后阡点，谓之裁。

　　裁者，相度之诣也，并非掘凿关填乃谓之裁也。如是凡遇乡民编户无力觅地，可以随方指引，合得生拐机，再能兼贪兼辅，亦能荫育贤才以昌世业，此诚方便法门；不可不通晓也。城市风水往往亦只能如此。

　　余晚近十余年频频迁徙，觅宅之难，难于登天，困知"裁成补救"亦不易也。

切戒迁徙

凡人子葬亲，当预为一成不动之计，不可轻率，既葬又迁。

今有轻信人言，或为富贵动其念，或为祸患惕其衷，往往轻率改葬。然改葬一事，果有水蚁、凶砂、恶水为患，以致丁少财退，改无不可，然恐又为庸师惑误，改后祸不旋踵，可不慎哉。

古人论迁葬，谓人丁蕃衍者不迁，年代深远者不迁，家计平康者不迁。又曰，有龟蛇生气之物见于场所，其气必暖，不迁；茜藤灵芝布场内外，详瑞之征，不迁；树木郁葱，松求瑶草纷披，吉气所钟，不迁。凡此之论，总欲为人子者慎重其事。

迁岂易言哉，岂易言哉。令人喜迁阳宅，亦岂易言哉。

【白话注解】

没有特殊情况，不可轻易改葬。

孔子曰："古者不修墓。"非不修墓也，盖必诚必信已。当葬时而豫为一成不动之计，其慎重尚如此，况举既葬之亲而欲改迁之，何可以慎重不如是乎？今之人有轻信人言，或为富贵而动其念，或为祸患而惕其衷，往往易于改葬，彼其事得已耶？抑不得已耶？如其不得已，而有水蚁及他患也，改之无不可也。然亦有为野师所惑，误改吉地者，令亲体不免暴露，吾恐仁人孝子当不止其颡之有泚矣。《青乌经》云："凡地有五不祥者可改：一冢无故自陷；二冢上草木枯死；三冢有淫乱风声，少亡孤寡；四男女忤逆颠狂，劫害刑伤瘟火；五人口死绝，家产耗散，官讼不息。改之。如见三祥瑞则勿改：一见生龟蛇生气物；二见紫藤交结棺木；三有水珠泡色如乳温暖，或有气如雾，穴中干燥无水蚁，并吉。"甚哉，有味乎其言之也！予兹推广其意，特立五戒：曰人丁蕃衍者不迁，年代深远者不迁，无五不祥者不迁，不犯五患者不迁（程子曰："须使他日不为道路，不为城郭，不为沟池窑灶，不为贵势所夺，不为耕犁所及），家道平康者不迁。诚欲其人之慎之也。虽然，礼有改葬之服缌麻，历颁启攒之日，古人亦未尝不迁。如不得已，须得明师再三商确。大抵地无全美，只当察其轻重缓急。如有财无人，须求温暖之穴；有人无财，宜寻得水之地。审有其地果胜旧坟，然后议迁。如旧坟无大祸患，可以平稳，则当别求吉地接福于后，未为不可，奚必于改葬哉！是故慎之一字，改葬者所当绎思也。

判断一座旧坟的吉凶祸福，为风水之士经常遇到的课题。上山一看到旧坟不用下罗盘，辩别方向，即能判断有准，出口不凡，言中利弊，使顾客心悦诚服。否则的话礼貌一点的东家拜拜而别，不礼貌者则不辞而别。因此，凡风水之士，了解掌握一些判断旧坟的知识是很有必要的，其中有许多民间流传的判断口诀与方法。有些民间术士也颇有断坟的绝招。下面介绍一些我经过实践检验的，很为实用的断旧坟的知识。

1、碑石右上角裂缝有害二房，左上角裂缝有害长房，正中裂缝有害三房。

2、碑石或黄，损丁小口亡，至于如何分房同上断。

3、碑石或歪，官非即来。仕途为官者优验。

4、碑石或破，官运蹇塞，财禄即破。仕途为官者应速。

5、坟的四旁草木而坟上独无者，白蚁满棺

6、冢上独青苔，四旁无者，泉水满棺。

7、金井连洞，烛火不灭者为佳地难求。

8、龙凤常栖（蛇为龙，蜂为凤）官贵在即。

9、坟上草木茂盛，碑前上下石头干净如洗，元蜘蛛网等脏物者。必为人丁兴盛，富贵久远之坟。

保墓良规

　　古卿大夫为石椁三年不成，孔子闻之，尚有速朽之叹。今人稍有资财亦为石椁砌石工，竟有四五年而不成者，如此造作，伤龙脉泄地气，其弊不可胜言。古人择地必取有气之地足以承天，俾阳和之气下浃于地，天地生气交接，自无潮湿之患。乃不思使其交接，反用石板铺塞，使天地之气隔绝，日久月长，水蓄棺椁，势所必然，其弊一也。方当盛时，坟丁有意损伤，年修年塌，借为利薮。及其衰也，工程坍坏，坟丁窃取，为坑为厕，无所不至，祖宗经纪在前，今日反为下人糟蹋，其弊二也。甚至不肖子孙，乃曰某可以变钱，某可以易米，当其造作之时，唯恐他人毁坏，工作坚固，不料子孙亲自拆毁，陷于不孝，其弊三也。种种弊端，都由砖石之所招耳。仆思彼之厚葬，不过欲其悠久不替，以尽为子之道，然非大忠大孝、大有功德于天下者焉能冥冥呵护耶？今为世之有力者，计将此石工之费买田数十百顷，设立义庄，使死生贫苦长享其利，如此不特坟丁无所施其诡技、不肖无所售其妄想，俾世世子孙承天之庥，永保无疆，非万全之策哉？

后　记

　　章仲山是嘉庆、道光年间名满江浙的一代地理名师。因为章氏及其门人多在无锡、常熟一带行道，遂被后世称作玄空六大派之一的"无常派"。《心眼指要》是"无常派"玄空著述中之重要典籍。自道光至宣统，由民国到现代，《心眼指要》一书屡经多次翻刻重印，流传颇广。章氏其他著作均以理气为主，唯于《心眼指要》卷三、卷四中多言峦头之法，而在"无常派"典籍中格外备受重视。

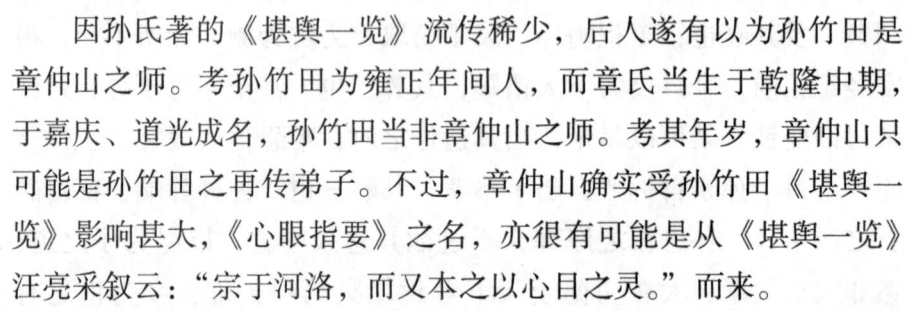

　　因孙氏著的《堪舆一览》流传稀少，后人遂有以为孙竹田是章仲山之师。考孙竹田为雍正年间人，而章氏当生于乾隆中期，于嘉庆、道光成名，孙竹田当非章仲山之师。考其年岁，章仲山只可能是孙竹田之再传弟子。不过，章仲山确实受孙竹田《堪舆一览》影响甚大，《心眼指要》之名，亦很有可能是从《堪舆一览》汪亮采叙云："宗于河洛，而又本之以心目之灵。"而来。

　　章仲山及其"无常派"玄空讲究形理兼察，与孙氏《堪舆一览》之宗旨本是一脉相承。故今若能把《地理辨正直解》、《天元五歌阐义》、《玄空秘旨注》、《心眼指要》对读，当有会心，从中可以窥知无常派之真传奥秘。

　　为将此稀见版本不致湮没，稍加点评，一作玄空法诀数据保存，一供同道中人参考研究。